Anja Cornelis

Plötzlich wusste ich warum

Die hoffnungsvolle Geschichte einer inneren Heilung

BRUNNEN
Verlag Giessen · Basel

MIX
Papier aus verantwortungsvollen Quellen
FSC® C006701
www.fsc.org

www.brunnen-verlag.de
Umschlagfoto: Miha Pavlin/Getty Images; Magnia/shutterstock
Umschlaggestaltung: Sabine Schweda
Satz: DTP Brunnen
Druck: CPI – Ebner & Spiegel, Ulm
ISBN 978-3-7655-4235-0

Für Eve, die mein Leben gerettet hat.

Inhalt

Erfolgreich und solo

„Anja! Anja!!!"

Ich fuhr aus dem Schlaf hoch, ohne gleich zu wissen, wer mich so dringend brauchte.

„Anja! Komm schnell!"

Die Stimme meiner Mutter. Sie rief nach mir, wie so oft in den letzten Wochen. Es gab nur noch wenige ungestörte Nächte, seit der Krebs meines Vaters im Endstadium war.

Ich hastete die Treppe hinunter.

„Er hat schreckliche Schmerzen!", rief sie mir entgegen.

Im Schlafzimmer sah ich, dass er offenbar nicht nur Schmerzen, sondern auch hohes Fieber hatte.

Ich verabreichte ihm die Morphiumspritze, die der Arzt verordnet hatte, und wusch seinen schweißbedeckten Körper. Nach einer Weile entspannte er sich und tastete nach meiner Hand.

„Danke, mein Kind."

„Schon gut, Papa. Versuch jetzt zu schlafen. Ich bin ja hier."

Diese Versicherung war wichtiger als alles andere für ihn, denn er hatte panische Angst davor, ins Krankenhaus zu kommen.

Während ich an seinem Bett saß und sein eingefallenes Gesicht betrachtete, dachte ich an die kraftvolle Persönlichkeit, die er früher gewesen war. Mein ganzes Leben hatte sich nach ihm gerichtet. Und wie schon oft war ich froh, dass ich keinen Freund hatte, den das stören konnte.

Mein Vater war seit vielen Jahren schwer krank, das bestimmte unser Familienleben und meine Zukunft. Schon als

Teenager wollte ich nicht tatenlos zusehen, wenn es ihm schlecht ging. Er hatte mehrere Herzinfarkte und schon zehn Jahre zehrte der Tumor an seinem Leben.

„Ich will Krankenschwester werden, das ist der Weg, den Gott mich führt“, hatte ich als junges Mädchen zu ihm gesagt.

„Woher weißt du das?“, hatte er gefragt.

„Ich habe schon öfters daran gedacht, und gestern habe ich gebetet, ob das wirklich mein Ding ist. Und in der Bibel lese ich gerade die Psalmen, da steht: ‚Ich will dich unterweisen und dir den Weg zeigen, den du gehen sollst.‘ Ich bin ganz sicher, dass ich Krankenschwester werden soll.“

Meine Eltern hatten mich von klein auf gelehrt, dass Gott mich liebte. Ich redete schon als Kind mit Gott über alles, was mich bewegte. Er gehörte zu meinem Leben wie mein Vater: liebevoll und doch Ehrfurcht gebietend. Was in der Bibel stand, hatte Gültigkeit und wurde nicht infrage gestellt, genauso wie das, was mein Vater sagte. So wurde ich Krankenschwester und habe diese Berufswahl nie bereut.

Während meiner Ausbildung erkrankte meine Mutter ebenfalls an Krebs. Diesmal erlebten wir ein Wunder. Sie wurde wieder gesund, obwohl das Ergebnis nach der Operation so schlecht war, dass die Ärzte sogar eine Chemotherapie für zwecklos hielten.

Aber wir mussten unser Zuhause im Ruhrgebiet verlassen, weil man meinen Eltern geraten hatte, in ein besseres Klima umzuziehen. Für mich war es selbstverständlich, nicht allein zurückzubleiben, sondern mit ihnen woanders neu zu beginnen. So kamen wir nach Süddeutschland, als ich zweiundzwanzig war. Dort fanden wir eine neue christliche Gemeinde, der wir uns anschließen konnten, Freunde und ich einen neuen Job.

Einige Jahre waren wir glücklich. Meiner Mutter ging es wieder gut und ich plante meine Karriere. Pflegemanagerin wollte ich werden, die Hochschule besuchen und mein Wissen und meine Fähigkeiten erweitern.

Damals kam ich nicht auf die Idee, dass mein beruflicher Ehrgeiz dazu diente, eine Leere in meinem Leben auszufüllen. Ich war stolz darauf, dass ich meine Ausbildung mit der besten Note abgeschlossen hatte, und bewarb mich an der Hochschule.

Kaum hatte ich die Zusage erhalten, wurde ich zum Arzt meines Vaters bestellt. Er war für seine direkte, manchmal etwas grobe Art bekannt, vor allem den Angehörigen seiner Patienten gegenüber.

„Die Herzprobleme Ihres Vaters haben wir einigermaßen im Griff. Aber der Tumor ist wieder gewachsen und wir haben alle Behandlungsmöglichkeiten ausgeschöpft. Er hat vielleicht noch ein Jahr zu leben. Er bekommt Schmerzmittel, aber nach meiner Erfahrung stehen ihm ein qualvolles Siechtum und ein schwerer Tod bevor."

Ich starrte ihn entsetzt an. Natürlich war mir aufgefallen, dass mein Vater schlecht aussah, aber wenn ein Mensch zehn Jahre lang Krebs hat, gewöhnt man sich daran und denkt nur selten an den drohenden Tod.

„Ihr Vater hat gesagt, Sie gehen auf die Hochschule. Können Sie es wirklich verantworten, ans andere Ende von Deutschland zu ziehen und ihn alleinzulassen?"

Natürlich konnte ich das nicht. Es gab keine Hochschule für mich, ich blieb zu Hause und kümmerte mich um meinen Vater. Nebenbei machte ich eine Weiterbildung zur Operationsschwester (so nannte man die operativen Fachpflegekräfte damals), die in unserem Krankenhaus angeboten wurde. Das war zwar nicht mein Traum, aber mein Vater ging vor. Und jetzt saß ich wie schon so oft an seinem Bett.

Sein Atem war flach und unregelmäßig geworden. Ich tastete nach seinem Puls. Er wurde langsamer und setzte immer wieder aus. Es war klar, was das bedeutete: Mein Vater, der wichtigste Mensch in meinem Leben, verließ mich.

Er starb am nächsten Tag, ohne noch einmal aufzuwachen.

So schmerzhaft der Verlust auch war – ich tröstete mich damit, dass Gott mir geholfen hatte, seinen letzten Wunsch zu erfüllen: Er hatte zu Hause sterben können.

Ich lebte weiterhin mit meiner Mutter und unserem Hund in dem schönen Haus, das er noch für uns hatte bauen lassen. Nach der Fachweiterbildung bot der Personalchef mir an, die Leitung der neuen Endoskopieabteilung zu übernehmen. Ich sagte zu, denn die Pflege meines Vaters hatte mir körperlich und emotional viel abverlangt. Auf die Hochschule wollte ich vorläufig nicht gehen.

Aber eines änderte sich auch jetzt nicht: Es gab weiterhin keinen Mann in meinem Leben. Ich arbeitete, traf mich mit Freunden, fuhr allein in den Urlaub und war stolz auf meine Unabhängigkeit.

„Irgendwann werde ich den Richtigen schon treffen“, war meine Devise. Irgendwann …

Inzwischen war ich neunundzwanzig und sagte immer noch „irgendwann“, „später“. Wurde ich von anderen darauf angesprochen, erklärte ich selbstbewusst, dass mein Leben genau so sei, wie ich es mir wünschte. Und jeder glaubte mir das. In meinem Bekanntenkreis galt ich als zufriedener Single, als jemand, der in seinem Beruf, in seinen Hobbys und in der Gemeinde aufging.

Außerdem entbehrte ich ja nichts. Nie hatte ich ein körperliches Verlangen oder den Wunsch nach Sex.

Ich wusste, dass ich hübsch war. Das wurde mir oft genug gesagt. Aber als beiläufige Feststellung reichte mir das schon, jede weitere Annäherung wies ich zurück. Inzwischen war ich ziemlich geübt in schlagfertigen Antworten und hatte Routine darin, Männer (manchmal sehr verletzend) davon zu überzeugen, dass ich lieber allein bleiben wollte.

Meine Freundinnen waren inzwischen alle verheiratet und ich hörte ihnen zu, wenn sie über ihre Eheprobleme klagten. Dann war ich froh, dass ich allein war, mein eigenes Geld verdiente und meine eigenen Entscheidungen treffen konnte.

Ich spielte mit ihren Kindern und half gern als Babysitter und Geschichtenerzählerin in der Kinderstunde der Gemeinde. Ich freute mich, wenn ich mit den Kindern zusammen war und wenn ich sie bei ihren Müttern wieder abliefern konnte. Nie bedauerte ich, dass die Kinder nicht meine eigenen waren. Und nie kam mir der Gedanke, dass das für eine junge Frau nicht normal war. „Ich bin anders“ war schon lange meine Devise und ich war stolz darauf, nicht wie die anderen zu sein.

So hätte ich mein Leben und meinen Selbstbetrug sicher noch viele Jahre fortgeführt, wenn ich nicht Peter Müller begegnet wäre.

Der unangenehme Kollege

Peter Müller kam als Neuer in unser Team. Er war fast zwei Meter groß, sehr korpulent und hatte eine laute Stimme. Vom ersten Moment an war er mir zuwider, ohne dass ich sagen konnte, warum.

Immer wenn ich mit ihm zusammen arbeitete, stand ich unter Spannung. Wenn er ins Zimmer kam, zuckte ich zusammen. Waren wir gemeinsam bei einer Untersuchung tätig und standen dicht nebeneinander, hatte ich das Gefühl, erdrückt zu werden. Da er wegen seiner Korpulenz auch stark schwitzte, war sein Körpergeruch gegen Ende des Arbeitstages ekelerregend für mich. Ich wünschte verzweifelt, dass er nach der Probezeit nicht übernommen würde, aber er blieb.

Natürlich hatte er meine Ablehnung längst bemerkt, denn meine spitze Zunge machte ihm das Leben schwer. So entwickelte sich eine unterschwellige Feindschaft, die sich immer wieder in Streitgesprächen entlud.

Am schlimmsten fand ich, dass er ebenfalls Christ war. Ich hatte ein schlechtes Gewissen, denn eigentlich hätte ich ja mit ihm auskommen müssen. Aber an seinem Christsein fand ich genauso viel auszusetzen wie an seiner Person.

Eines Tages stand ich frühmorgens im Untersuchungsraum am Schreibplatz und notierte etwas in einer Akte. Wie üblich war es dunkel, nur am Schreibplatz, der in ein dunkles Kunststoffregal eingefügt war, brannte ein kleines Licht.

Ich war so in meine Arbeit vertieft, dass ich nicht merkte, wie Peter Müller hereinkam und hinter mich trat. Als er unerwartet über meine Schulter hinweg nach einer der Akten griff und ich seinen massigen Körper in meiner unmittelbaren Nähe spürte, geschah etwas Seltsames.

Ich schien mich nicht mehr in der Endoskopie zu befinden, sondern in einem anderen Raum vor einer dunklen Holzwand. Neben mir war eine Masse aus Fleisch und Fett und ein säuerlicher Bieratem streifte mein Gesicht. Zwei fette, behaarte Hände griffen nach mir und ich schrie laut vor Panik.

Stimmen brachten mich in die Realität zurück. „Was ist denn?“, fragte der schlaftrunkene Patient, der auf den Arzt wartete. Eine Kollegin stürzte herein: „Was ist passiert?“

Peter Müller zischte: „Was machst du denn für ein Theater? Ich will doch nur die Akte holen!“

Da stand ich mitten im Untersuchungsraum und hatte einen völlig unnötigen Aufruhr verursacht. Ich holte tief Luft. Kein Biergeruch, den hatte ich mir wohl eingebildet. Schuld war natürlich Müller, der sich im Dunkeln hereingeschlichen hatte, um mich zu erschrecken. Ich zitterte immer noch am ganzen Körper und beschuldigte ihn, das absichtlich getan zu haben.

„Blödsinn!“, widersprach er. „Wir sind alle leise vor der Untersuchung, damit die Patienten Ruhe haben. Aber du musst ja wieder einen Aufstand machen!“

Er hatte recht. Sein Verhalten war völlig normal gewesen, aber das wollte ich nicht zugeben. Für mich war die einfachste Erklärung, dass er schuld war an meinem Schrecken. „Schließlich kann man ja leise sagen, dass man etwas will!“, fauchte ich.

„Ich bin auch manchmal schreckhaft“, begütigte die Kollegin. „Es ist ja nichts passiert. Nächstes Mal machst du dich bemerkbar, Peter.“

So wurde die Sache beigelegt. Aber ich sah immer wieder

diese Hände vor meinem inneren Auge. Müller hatte eindeutig nicht nach mir, sondern nach der Akte gegriffen. Aber seine Hände waren genauso fett und behaart wie ...?

An dem Punkt kam ich nicht weiter. Welche Hände hatten nach mir gegriffen?

Und wann?

Mein Verhältnis zu meinem Kollegen wurde mit der Zeit immer schlechter. Er begann sich für meine spitzen Bemerkungen zu revanchieren, sodass unsere Gespräche meist unerfreulich verliefen.

Trotzdem mussten wir miteinander auskommen, denn unser Team war klein und wir konnten einander nicht immer aus dem Weg gehen. Und da wir beide gern dort arbeiteten, war auch keine Änderung in Sicht.

Inzwischen war ich mir darüber klar geworden, dass ich Angst vor ihm hatte, obwohl er wirklich nie etwas tat, was mir Grund zur Furcht gegeben hätte.

Eines Tages im Herbst brachte seine Frau ihn zur Arbeit und fuhr gleich wieder weg. Er erzählte, dass sein Auto kaputt sei und seine Frau ihn nur abgesetzt hätte. Sie müsste gleich weiter zu ihrer kranken Mutter und würde über Nacht dort bleiben. Morgen, am Samstag, käme sein Kumpel und würde den Schaden reparieren.

„Und wie kommst du heute Abend nach Hause?“, fragte eine Kollegin.

Peter Müller sah unsicher zu mir herüber. Wir fuhren beide täglich in dieselbe Richtung, ich ein paar Dörfer weiter als er. Nie hatten wir eine Fahrgemeinschaft gebildet.

„Könntest du mich heute ausnahmsweise mitnehmen?“, fragte er.

Ich nickte, weil mir nichts anderes übrig blieb. Niemand im Team hätte in einer solchen Situation abgelehnt zu helfen, und niemand hätte meine Ablehnung verstanden. Es war einfach selbstverständlich, den Kollegen nach Hause zu fahren. Meine Angst vor ihm war dumm, und dass ich ihn nicht leiden konnte, war kein Grund.

Als wir losfuhren, war es schon dunkel. Ich hatte mir während des Nachmittags immer wieder gesagt, dass die halbe Stunde mit ihm im Auto kein Problem sei. Schließlich war ich erwachsen!

Aber als er sich ächzend zu mir in mein kleines Auto zwängte, kam die Panik wieder hoch. Wütend über mich selbst rammte ich den Schaltknüppel in den Rückwärtsgang und ließ die Kupplung zu schnell kommen. Das Auto machte einen Satz und natürlich hatte ich den Motor abgewürgt.

Leise vor mich hin schimpfend startete ich ihn neu.

Peter macht klugerweise keine Bemerkung über meinen Fahrstil, der an diesem Abend wirklich grauenhaft war. Nur als wir langsam einen steilen Berg hochfuhren, fragte er gutmütig, ob mein Autochen denn sein Gewicht auch schaffte.

Ich brachte ein gequältes Lächeln zustande und meinte bloß, dass wir dafür bergab umso schneller wären. Es war ein kläglicher Versuch, und mehr haben wir während der ganzen Fahrt nicht miteinander gesprochen. Ich brauchte meine ganze Kraft, mich auf das Auto zu konzentrieren und meine idiotische Angst zu unterdrücken.

Aber ich brachte ihn bis zu seinem Haus und kam dann eine halbe Stunde später selbst, zwar schweißgebadet und mit zitternden Händen, aber heil nach Hause. Es war eine ungeheure Anstrengung gewesen.

Am anderen Morgen erwachte ich völlig zerschlagen. Das

passierte mir in letzter Zeit häufiger. Ich stand dann mit dem Gefühl auf, etwas Entsetzliches geträumt zu haben, konnte mich aber nie erinnern, was es war.

„Geht es dir nicht gut?“, fragte meine Mutter beim Frühstück. „Du siehst müde aus.“

„Ich habe schlecht geschlafen“, antwortete ich.

„Stimmt etwas nicht?“, hakte sie nach. Wir hatten dieses Gespräch in letzter Zeit öfters geführt. Meine Mutter sah immer sofort, wenn es mir nicht gut ging. Aber bisher hatte es dafür immer körperliche Ursachen gegeben.

„Bist du krank?“, erkundigte sie sich auch gleich besorgt.

„Nein, eigentlich nicht. Ich habe bloß nicht gut geschlafen.“

„Willst du nachher spazieren gehen?“

Ich nickte. Seit wir hier wohnten, liebte ich die weiten Spaziergänge im Wald, der bis an unser Grundstück heranreichte. Ich nahm immer unseren großen Hund mit und fürchtete mich nie. Nirgendwo konnte ich meine Gedanken so gut ordnen und in Ruhe mit Gott reden wie bei diesem stundenlangen Herumstreifen im Wald. Und Lexa war immer bei mir und beschützte mich. Das war schon zu der Zeit so gewesen, als wir noch im Ruhrgebiet in einer wesentlich unsichereren Gegend gewohnt hatten. So lange der Hund an meiner Seite war, war ich immer unbesorgt losgezogen.

Also machte ich mich kurz danach auf den Weg, um für meine Probleme eine vernünftige Lösung zu finden. Aber ich kam mit meiner Analyse nicht weiter. Ich musste mit jemandem darüber reden, der mir vielleicht einen Rat geben konnte.

„Ich werde Eve besuchen“, murmelte ich vor mich hin. Lexa stellte die Ohren hoch und sah mich erwartungsvoll an.

„Nein, du bleibst zu Hause. Du weißt genau, dass ihr Jüngster Angst vor Hunden hat.“

Die unförmigen Hände

Eve war seit Jahren meine beste Freundin. Sie war verheiratet und hatte zwei Kinder und wir trafen uns fast jede Woche. Während ich meinen Vater pflegte, war sie meine wichtigste Stütze gewesen, und nach seinem Tod konnte ich mit ihrer Hilfe die Trauer verarbeiten. Sie war sehr einfühlsam und hatte ein Gespür für Stimmungen und ihre Ursachen, das ich immer bewundert hatte.

Wir beteten auch oft zusammen. Fast jedes Mal, wenn wir uns trafen, gab es irgendetwas, was wir gemeinsam zu Gott brachten. Das hatte uns immer eine besondere Stärke verliehen, und so war ich sicher, dass wir gemeinsam einen Ausweg finden würden.

Ich hatte ihr hin und wieder von meinem „unmöglichen Kollegen" erzählt, und jetzt schilderte ich die beiden Situationen, die mir so zu schaffen machten. Ich wunderte mich selbst, dass ich mein Erschrecken über Peter noch bis in die kleinste Einzelheit frisch im Gedächtnis hatte, obwohl der Vorfall schon mehr als zwei Monate zurücklag.

Sie sah mich nachdenklich an. „Du magst kein Bier, oder?"

Ich nickte überrascht. „Das stimmt. Bier finde ich eklig."

„Hast du je welches getrunken?"

„Natürlich nicht!"

„Warum natürlich?", hakte sie nach. „Dann weißt du ja gar nicht, wie es schmeckt!"

„Ich weiß, wie es riecht, und das reicht mir!", erwiderte ich empört.

„Kannst du das mal genauer sagen?"

Ich brauchte nicht zu überlegen. „Als ich klein war, habe ich immer gern mit meinem Vater gekuschelt. Bloß wenn er Bier getrunken hatte, wollte ich nicht zu ihm. Es ist der Atemgeruch, den ich so scheußlich finde."

Eve nickte. „Verstehe. Und hatte dein Kollege wirklich Bier getrunken?"

„Nein, bestimmt nicht. Ich konnte hinterher nichts mehr riechen, und es ist auch überhaupt nicht erlaubt während der Arbeit. Nur in dem Moment roch ich diesen schrecklichen Gestank."

„Gestank? Findest du das wirklich so schlimm?"

„Für mich ja. Ich weiß, dass andere es kaum merken, aber ein Bieratem ist für mich wirklich widerlich."

„Und die Hände?"

„Keine Ahnung. Ich weiß bloß, dass ich diese grässlichen Wurstfinger schon immer verabscheut habe, bei jedem. Wenn ich jemanden kennenlerne, schaue ich zuerst auf seine Hände. Wenn die Hände gut sind, mag ich den Menschen auch."

„Wenn die Hände gut sind ...", wiederholte Eve.

„Ich weiß, dass sich das komisch anhört. Gute Hände sind für mich schlanke Hände. Kräftig können sie auch sein, nur diese unförmigen Dinger sind der Horror."

Sie lächelte über meine drastische Ausdrucksweise, wurde aber gleich wieder ernst. „Wer hatte denn bei euch zu Hause solche Wurstfinger?"

„Niemand. Aber einer meiner Lehrer hatte sie und den fand ich fürchterlich. Bei dem hatte ich Französisch und in Französisch war ich immer schlecht."

„Aber du hast vorhin gesagt, die Hände hatten nach dir gegriffen. Und dein Kollege griff nach der Akte und nicht nach dir. Es hört sich für mich eher nach einer Erinnerung an, so wie du das beschreibst.“

Ich nickte. Diese Idee hatte ich auch schon gehabt. „Ich weiß bloß nicht woran. Es muss etwas Schlimmes sein.“ Ich erzählte ihr von meinen Schlafproblemen.

„Und du weißt nicht mehr, ob oder was du geträumt hast?“

„Nein. Davon, dass ich geträumt habe, bin ich deshalb überzeugt, weil ich mich genauso fühle wie nach einem Albtraum. Ich bin ganz starr vor Entsetzen, wenn ich aufwache, und habe das Gefühl, ich kriege keine Luft ...“

Wir schwiegen, jede in ihre Gedanken versunken. Ich war froh, dass ich zu ihr gekommen war. Sie hatte Verständnis, obwohl sich alles so verrückt anhörte.

„Vielleicht solltest du zur Seelsorge gehen“, sagte sie nach einer Weile unvermittelt.

„Warum das denn?“

„Du sagst, da ist etwas Schlimmes und du kannst dich nicht erinnern. Seelsorge könnte dabei doch helfen. Du könntest zu Rolf gehen.“

Ich dachte nach. Offensichtlich hatte ich ein seelisches Problem, damit hatte sie recht. Und Rolf Wieland, der seit einem halben Jahr unser Gemeindepastor war, war ein ausgezeichneter Seelsorger, das hatten wir schon von verschiedenen Seiten gehört. Mit dieser Sache wurden wir allein nicht fertig, und ich konnte sie auch nicht auf sich beruhen lassen. Schließlich wollte ich wieder ruhig schlafen und ohne panische Angst zur Arbeit gehen.

Außerdem war ich schon immer dafür gewesen, mit speziellen Problemen zu Fachleuten zu gehen, und Rolf hatte eine Zusatzausbildung als Psychologe und Seelsorger. Eves Rat war vernünftig.

„Ich kann ihn ja anrufen und fragen, ob er mal Zeit für mich hat …“ Die Idee setzte sich bei mir fest. Was auch immer dahintersteckte, schlimmer als die augenblickliche Situation konnte es meiner Meinung nach nicht sein. Und wenn es schlimmer war, würde es wenigstens greifbar werden und mit Gottes Hilfe ein Ende nehmen.

„Du kannst gleich von hier aus anrufen.“ Wie immer wurde Eve gleich praktisch. „Bei euch zu Hause bist du vielleicht nicht ungestört.“

„Wie soll ich es ihm am Telefon erklären?“

„Vielleicht reicht es schon, wenn du sagst, dass du ein Problem hast. Und ob er dir einen Termin für ein ungestörtes Gespräch geben kann.“

Ich nickte. Das war eine gute Idee.

Das Telefonat mit Rolf Wieland war wirklich nur kurz. Offenbar hatte er den Satz „Ich habe ein Problem und muss mal mit dir darüber reden“ schon öfters gehört. Er gab mir einen Termin in der darauffolgenden Woche nachmittags. Ich war erleichtert, dass wir dieser mysteriösen Sache auf den Grund gehen würden.

Aber meine Erleichterung hielt nicht lange an. In den nächsten Tagen verschlimmerten sich meine Angstzustände. Ich schlief immer schlechter und hatte jedes Mal, wenn ich am ganzen Körper starr vor Entsetzen aufwachte, das Gefühl, ersticken zu müssen.

Ich fragte mich allen Ernstes, ob ich im Begriff war, verrückt zu werden. In meinem Innern war etwas Fürchterliches, das herauswollte. Eine Geisteskrankheit? Oder doch „nur“ eine Erinnerung? Aber was konnte ich so Entsetzliches erlebt haben? Ich war in einer christlichen Familie aufgewachsen, mit liebevollen Eltern. Niemand hatte je von einer schlimmen Situation in meiner Kinderzeit gesprochen.

„Ich müsste das doch wissen“, murmelte ich zum wiederholten Mal vor mich hin. Aber ich traute mich nicht, meine Mutter darauf anzusprechen.

Ob mir Rolf Wieland wirklich helfen konnte? Oder würde er mit seinen Fachkenntnissen feststellen, dass ich in eine Nervenklinik und nicht in die Seelsorge gehörte, weil mir der Bezug zur Realität verloren ging? Ich wollte das Psychiatrie-Lehrbuch aus meiner Ausbildungszeit wieder herausholen und über Schizophrenie nachlesen, aber ich hatte Angst davor. Erst mal mit Rolf reden, dachte ich verzweifelt, vielleicht bleibt mir das Schlimmste erspart.

Meine Gebete in dieser Woche waren lauter Hilferufe. „Bitte, lass mich heute Nacht schlafen.“ – „Bitte, lieber Vater im Himmel, lass Rolf eine gute Erklärung finden!“ – „Bitte, mach, dass ich nicht schizophren bin …“

Erinnerungsfetzen

Als ich bei Rolf Wieland ankam, zitterte ich vor Nervosität. Er empfing mich freundlich an der Tür und fragte, ob wir einen Spaziergang machen sollten oder ob ich lieber im Arbeitszimmer sitzen wollte.

„Lieber hierbleiben", stieß ich hervor. „Ich glaube, ich fange gleich an zu heulen …"

In Rolfs Arbeitszimmer stand in einer Ecke ein kleiner Tisch mit einem Getränk und dabei zwei Stühle. Ich rückte den einen so hin, dass der Tisch zwischen uns blieb und ich die Tür im Auge hatte. Gleichzeitig schimpfte ich mich innerlich eine Idiotin. Schließlich war ich hier, weil ich Hilfe wollte, und nicht, um gleich wieder wegzulaufen.

Rolf nahm ganz ruhig den anderen Stuhl und bot mir zu trinken an. Vom Schreibtisch holte er ein Päckchen Taschentücher und legte es beiläufig neben mein Wasserglas.

„Es ist nicht schlimm, wenn du weinst", meinte er. „Das hilft oft, die Gefühle loszulassen. Was bedrückt dich denn?"

Es gelang mir, einigermaßen geordnet vorzubringen, was mich seit Monaten belastete. Aber schon nach kurzer Zeit schwamm ich in Tränen, ohne irgendeine Erleichterung dabei zu fühlen. Im Gegenteil, das Erzählen verstärkte noch meine Verzweiflung.

„Ich habe solche Angst, dass ich verrückt werde", schloss ich, „vielleicht fängt so Schizophrenie an? Die haben doch auch Angst vor Sachen, die nicht real sind!"

Rolf schüttelte den Kopf. „Was du da erzählst, ist vollkommen real."

„Wie bitte?“ Ich starrte ihn an.

„Du hast höchstwahrscheinlich als Kind etwas erlebt, was du verdrängt hast. Es ist nicht vergessen, sondern in deinem Unterbewusstsein verschwunden. Jetzt ist etwas passiert, was dieses Unbewusste geweckt oder aktiviert hat.“

Ich stürzte mich gierig auf diese Erklärung. „Du meinst, an dem Morgen, als er mich so erschreckt hat?“

„Wahrscheinlich hat es schon früher begonnen. Du hast diesen Widerwillen gegen korpulente Männer, und seit du mit dem Kollegen jeden Tag eng zusammenarbeitest, rumort das Ganze wohl schon.“

Das stimmte. Ich fühlte mich schon viel länger unwohl und ängstlich. Die Situation bei der Arbeit hatte das Ganze nur greifbar gemacht. Und doch konnte es nicht sein.

„Ich habe bestimmt kein Kindheitstrauma oder wie das heißt“, widersprach ich. „Meine Eltern hatten mich lieb und mir hat keiner etwas getan. Das hätte mein Vater nie zugelassen!“

„Sie könnten auch Gründe haben, es dir zu verschweigen …“

„Heißt das, ich muss mit meiner Mutter darüber reden?“

„Nein. Was immer deine Mutter dir erzählen könnte, ist ihre Version. Vielleicht sagt sie auch, dass da nichts ist, und du kommst keinen Schritt weiter.

Es muss *für dich* wieder real werden. Du musst dich erinnern, was geschehen ist.“

„Aber wie denn? Ich habe keine Ahnung, wie ich das machen soll …“

„Wir werden darum beten. Und dann wird Gott den Zeitpunkt bestimmen.“

„Ich dachte immer, dass man vor jedem Seelsorgegespräch beten muss. Das haben wir aber gar nicht getan!“

Rolf lächelte zum ersten Mal. „Du hast so unter Strom gestanden, dass du erst mal alles loswerden musstest. Aber jetzt können wir beten."

Ich nickte, das war mir vertraut. Mit allen Problemen konnte man zu Gott kommen, er würde helfen. Und gemeinsames Gebet hatte mehr Kraft, so stand es in der Bibel.

Wir beteten beide, um die Rückkehr der Erinnerung, um inneren Frieden, um Kraft und Ruhe bei der Arbeit ... Wir beteten lange.

„Wie lange dauert es, bis ich mich erinnern kann?", fragte ich dann begierig.

„Manchmal geht es schnell", erwiderte Rolf, „aber es kann auch seine Zeit dauern, bis du bereit bist, dich damit auseinanderzusetzen. Man kann das nicht erzwingen."

„Oh, ich bin bereit!", erklärte ich im Brustton der Überzeugung. „Sonst wäre ich nicht gekommen!"

„Es kann trotzdem sein, dass deine Seele, dein Inneres sich so sehr fürchtet, dass die Erinnerung nicht gleich preisgegeben wird. Kinder sind Überlebenskünstler. Wenn etwas wirklich unerträglich ist, vergraben sie es so tief, dass es schwierig wird, es wieder hervorzuholen."

Ich sah ihn betroffen an. „Du meinst also, dass es wirklich etwas ganz Schlimmes, Unerträgliches ist? So was wie sexueller Missbrauch?"

„Meinst du nicht?"

Ich wollte widersprechen. Das war mit all meinen schönen Kindheitserinnerungen unvereinbar. Ausgeschlossen!

Und doch ...

„Als ich fünf oder sechs war, hat meine Mutter mich aufgeklärt", sagte ich unvermittelt. „Sie hat mir erzählt, wie Kinder entstehen. Damals habe ich gedacht: Das will ich nicht machen. Ich will einen Mann und eine Familie, aber wir können ja Kinder adoptieren, so was will ich nicht mit mir machen lassen …

Und das hat auch nie jemand mit mir gemacht! Das weiß ich ganz genau!" Meine Stimme war schrill geworden.

Rolf sah mich nur an.

„Rolf … ich werde doch verrückt! Ich bin schon damals nicht in Ordnung gewesen, so was denkt ein normales Kind doch nicht. Ich habe es bloß vergessen …" Ich fing wieder an zu weinen.

„Du bist geistig völlig gesund!" Seine Stimme klang sehr bestimmt. „Du hast etwas Schlimmes erlebt, aber du bist nicht krank. Ganz sicher!"

Ich war plötzlich überhaupt nicht mehr sicher. Wenn schon dieser winzige Erinnerungsfetzen mich so aus der Fassung brachte, was konnte da noch alles zum Vorschein kommen?

War das etwa der Grund, warum ich mich gegen jede Beziehung zu einem Mann wehrte? Hatte ich mich selbst belogen mit meinem vermeintlich glücklichen Leben?

Ohne nachzudenken, platzte ich damit heraus.

Rolf ließ mich reden, bis ich vor Schluchzen nicht mehr reden konnte. Aber er blieb völlig sachlich, er bedauerte mich nicht. „Es ist möglich, dass so ein kindlicher Schwur zurückgenommen werden muss", erklärte er mir. „Aber das ist nicht das Problem. Du musst dich erst erinnern!"

„Ich habe Angst …", flüsterte ich. „Ich habe schreckliche Angst!"

„Ich weiß. Aber du bist ja nicht allein damit."

Ich sah ihn an, wie er so unbeweglich auf seiner Seite des Tisches saß, ohne eine Geste der Zuwendung oder des Trostes. Und da begriff ich, dass er das tun musste. Seine Neutralität gab mir die Möglichkeit, dem Grauen ins Gesicht zu sehen.

Hätte er auch nur meine Hand berührt – ich wäre schreiend weggelaufen. Nicht einmal das konnte ich ertragen! Wie verkorkst war ich eigentlich?

„Darf ich nächstes Mal meinen Hund mitbringen? Er ist ganz brav, er liegt neben mir, wenn ich es sage."

Rolf nickte. Er verstand zu diesem Zeitpunkt viel besser als ich, dass ich sogar in der Seelsorge Schutz brauchte. Hätte ich es gewünscht, er hätte mich zu einer Frau zu weiteren Gesprächen geschickt. Aber seine Haltung hatte mir ermöglicht, mit ihm zu arbeiten, und es geschah so, wie ich ihn gebeten hatte.

Von da an brachte ich Lexa mit zu jeder Sitzung. Sie lag neben meinem Stuhl und ich spürte die Wärme ihres Fells an meinem Knöchel. Sie gab mir Sicherheit.

Mein Kopf wusste genau, dass Rolf mir nie etwas getan hätte, aber mein Inneres bestand darauf: Er war ein Mann und deshalb brauchte ich nicht nur den Tisch, sondern auch den Hund zwischen uns.

Ahnung des Unfassbaren

Ich hatte mit Rolf Wieland für in zwei Wochen einen neuen Termin verabredet. Bis dahin sollte ich alle Erinnerungen oder ungewöhnlichen Ereignisse notieren und ihm beim nächsten Mal erzählen.

Ich ging in Gedanken alle erwachsenen Männer durch, die in meiner Kinderzeit in unser Haus gekommen waren. Aber keine dieser Erinnerungen weckte Angst oder das erstickende Gefühl, das mich fast jeden Morgen nach dem Aufwachen quälte.

So konnte ich Rolf nichts Besonderes berichten, als wir uns das nächste Mal trafen. Ich versank in grüblerisches Schweigen.

Nach einer Weile fragte Rolf unvermittelt: „Woran denkst du jetzt?"

„Ich habe kürzlich in der Bibel nachgelesen, was da über ‚Knabenschänder und Lustknaben' steht, im Korintherbrief. So was Ähnliches bin ich ja wohl auch. Ich muss Gott doch ein Gräuel sein und da steht, dass die nicht in den Himmel kommen."

„Da hast du nicht weit genug gelesen. Da steht auch, dass ihnen vergeben wird, wenn sie es bereuen. Außerdem trifft diese Bibelstelle nicht auf dich zu. Du hast das ja nicht freiwillig mitgemacht."

„Nein, bestimmt nicht. Aber was muss ich für ein monströses Kind gewesen sein, dass jemand so was mit mir machen konnte …"

„Ich denke, dass du ein ganz normales Kind warst. Du warst das Opfer, Anja, du warst nicht schuld daran!"

„Wenn ich das nur sicher wüsste! Aber ich weiß ja nicht mal, wie es passiert ist. Könnte es nicht eine Täuschung sein? Vielleicht stimmt es ja gar nicht!" Ich sah Rolf halb hoffnungsvoll und halb anklagend an. „Vielleicht sind wir auf der falschen Fährte. Vielleicht gaukelt mir meine Fantasie irgendwas Verrücktes vor. Könnte ich nicht okkult belastet sein, einen Dämon haben oder so was?"

Rolf wartete eine Weile, bevor er antwortete. Er ließ mir Zeit, über diese neue Idee nachzudenken. Schließlich meinte er: „Das glaube ich nicht. Aber was meinst du?"

„Ehrlich gesagt, ich auch nicht. Ich suche einfach nach einer Erklärung, nach einem Ausweg. Ich glaube fast, es wäre leichter, mit einer okkulten Belastung fertigzuwerden als mit dieser Ungewissheit."

Rolf schüttelte den Kopf.

„Aber was soll ich nur machen, wenn ich mich nicht erinnere? Wenn ich bis jetzt noch nicht durchgedreht bin, irgendwann in nächster Zeit passiert das bestimmt!"

„Du kannst ganz sicher sein, dass Gott bei dir ist, und deshalb wirst du auch nicht ‚durchdrehen'. Er weiß, wann du bereit bist, dich zu erinnern. Er kennt die Situation und deine Angst und du bist in seiner Hand. Es wird dir nichts passieren von dem, was du fürchtest, du musst in keine Nervenklinik, du wirst das überstehen!"

Ich konnte ihm nicht glauben. Trostlos machte ich mich auf den Heimweg. Ich schien Gottes Hand verloren zu haben. Die Zusagen in der Bibel galten nicht mehr für mich. In meiner Vorstellung gehörte ich jetzt zu denen, die „Gott ein Gräuel sind", seine Liebe, auf die ich immer gebaut hatte, war für mich nicht mehr da.

Auch die Menschen, auf deren Liebe ich mich verlassen

hatte, wurden mir fremd und unheimlich. Meine Mutter musste doch etwas wissen! Sie war nicht mehr arbeiten gegangen nach meiner Geburt, sie hätte es mitbekommen müssen.

Aber Rolf hatte mir abgeraten, sie zu fragen, und ich verstand seinen Standpunkt. Wenn sie mir eine solche Katastrophe mein ganzes Leben lang verschwiegen hatte, würde sie es auch jetzt abstreiten. Außerdem war sie höchstwahrscheinlich darin verwickelt und hatte sich mitschuldig gemacht.

In meinem Beruf war ich im Notdienst am Wochenende auch einmal bei der Operation eines dreijährigen Mädchens dabei gewesen. Es war vergewaltigt worden und hatte Verletzungen im Bereich der Scheide erlitten, so schwer, dass sie operiert werden mussten.

Ich erinnerte mich genau an die Atmosphäre im OP, während der Gynäkologe versuchte, das Gewebe zusammenzufügen. Die Luft war erfüllt von Hass gegen den unbekannten Täter. Der Narkosearzt hatte Tränen der Wut in den Augen und fluchte während der ganzen Zeit leise vor sich hin. Ich wusste, dass er kleine Kinder hatte.

Ich konnte mir also sicher sein, dass eine solche Tat auch körperliche Spuren hinterließ. Meine Mutter, die mich damals versorgte, hätte diese Spuren finden müssen. Selbst wenn sie von der Tat überrascht war – sie musste schuldig sein, denn sie hatte es gewusst und den Mann davonkommen lassen.

Hatte sie mich wirklich so lieb, wie ich immer gedacht hatte? Oder war ich erst als Erwachsene wichtig für sie geworden, als sie und mein Vater so schwer krank wurden? Und welche Rolle hatte mein Vater bei alldem? Vor ihm hätte sie es verheimlichen können, er war beruflich oft tagelang unterwegs.

Oder …?

An dieser Stelle weigerte ich mich weiterzudenken. Nicht mein Vater! *Nein!* Er war es nicht gewesen!

Diese Geschichte musste einfach aufhören. Und hier, im Haus meiner Mutter, hörte sie nicht auf, also musste ich weg von hier.

Das Leben muss anders werden!

Ich hatte Eve während der ganzen Zeit auf dem Laufenden gehalten. Sie war es auch, die mir das Buch eines christlichen Psychologen aus Amerika brachte, das gerade ins Deutsche übersetzt worden war. Er hatte als Therapeut mit Missbrauchsopfern gearbeitet und darüber geschrieben.

In den USA war das schon länger kein Tabuthema mehr, im Gegensatz zu Deutschland. Anfang der Neunzigerjahre „gab es das nicht" in den christlichen Kreisen, die ich kannte.

Als ich Eve jetzt von meiner veränderten Einstellung zu meiner Mutter erzählte, leuchtete ihr das sofort ein. Auch dass ich nicht länger zu Hause wohnen wollte, unterstützte sie.

„Aber kannst du jetzt allein wohnen, wo es dir so schlecht geht?"

„Ich habe kürzlich eine Kollegin getroffen, Ruth heißt sie. Sie will aus ihrem kleinen Apartment beim Krankenhaus ausziehen und hat mich gefragt, ob wir nicht gemeinsam eine christliche Wohngemeinschaft bilden wollen. Noch vor ein paar Wochen hätte ich gesagt, dass so was für mich nicht infrage kommt, aber jetzt?"

„Was hast du denn geantwortet?"

„Dass ich es mir überlegen will. Aber ich glaube, dass ich es tun werde."

„Erzähl mir von ihr", bat Eve.

„Wir kennen uns von der Arbeit. Sie ist in der Chirurgie, da gab es mit dem OP immer mal Berührungspunkte, als ich meine Weiterbildung machte. Irgendwann kamen wir über den Glauben ins Gespräch. Sie gehört zu einer christlichen Gemeinschaft in Frankfurt und geht hier in einen Hauskreis.

Die Gemeinschaft scheint ziemlich streng zu sein, die Frauen müssen zum Beten Kopftücher aufsetzen. Fantasy-Literatur oder Science-Fiction, Kino, Tanz oder Ähnliches sind verboten. Sonst weiß ich nicht viel darüber, aber sie hat einen lebendigen Glauben, eine persönliche Beziehung zu Jesus."

„Und du glaubst, dass ihr euch verstehen werdet?"

„Vor ein paar Wochen hätte ich Nein gesagt. Sie ist ein bisschen extrem in ihren Ansichten. Aber jetzt scheint es mir fast ein Wink des Himmels zu sein. Ich muss weg von zu Hause, und allein komme ich wahrscheinlich nicht zurecht."

„Wirst du mit ihr darüber reden?"

„Ja, bevor ich ihr zusage. Und wenn sie es sich zutraut, mit so einem verkorksten Menschen wie mir zusammenzuwohnen, der nachts herumgeistert, weil er nicht schlafen kann, dann kann es wohl ein Ausweg sein."

Eve schien nicht ganz überzeugt, aber eine Alternative fiel ihr nicht ein.

Als ich Ruth erzählte, warum ich von zu Hause weg- und mit ihr zusammenziehen wollte, war sie nicht so entsetzt, wie ich erwartet hatte.

„Es gibt viel Böses bei den sogenannten Frommen. Oft ist es bloß gut versteckt. Ich werde dir helfen und ich rede mit niemandem darüber. Wir werden zusammen beten und du wirst davon geheilt werden, bestimmt."

„Mein Seelsorger sagt, es kann eine Weile dauern."

„Das ist für mich nicht schlimm. Ich will ja nicht bloß drei Wochen mit dir zusammenwohnen. Und wenn du nachts Angst hast, kannst du mich auch wecken."

Auch mein Hund war kein Problem für sie. „Ich wollte schon immer mal ein Haustier haben“, erklärte sie, „und du brauchst Lexa, damit du aus dem Haus kommst, sonst spinnst du dich nur ein mit deiner Angst. Und du musst sie ja auch bei deinen Gesprächen mit Rolf dabeihaben.“

Ich war erleichtert. Ruths resolute und doch freundliche Art machte das Leben wieder etwas überschaubarer. Wir zogen gemeinsam in eine Dreizimmerwohnung.

Ich musste mich jetzt beim Heimkommen nicht verstellen, wenn Peter Müller mich in Angst und Schrecken versetzt hatte. War es besonders schlimm, betete sie mit mir. Sie war dabei so zuversichtlich, dass ich wirklich besser schlief. Offenbar erhörte Gott sie, wenn sie ihn bat, nachts einen Engel neben mein Bett zu stellen.

Meine Gebete erhörte er nicht, stellte ich resigniert fest. Ich konnte mich nach wie vor nicht erinnern.

Ich las mit Interesse das Buch, das Eve mir gegeben hatte. Viele Fallbeispiele von sexuellem Missbrauch standen darin, und mir wurde beim Lesen immer klarer, dass ich tatsächlich ein solches Opfer war.

Ich fand meine Ängste beschrieben, meine Schlafstörungen, die zusammenhanglosen Fetzen von Erinnerungen und auch die Zusage, dass Gott den Missbrauch wieder bewusstmacht, um ihn zu heilen.

„Schöne Zusage!“, beschwerte ich mich einige Wochen später bei Rolf. „Ist das ein gerechter und gütiger Gott, der dreißig Jahre später kommt und sagt: Macht nichts, ich bringe das schon in Ordnung? Schließlich hätte er es ja nicht zulassen müssen!“

Ich wurde nur selten wütend bei unseren Gesprächen, aber jetzt war ich es. Sonst saß ich meistens deprimiert und in mich gekehrt da, weil ich mich wertlos und schuldig fühlte.

„Wie ist denn jetzt dein Verhältnis zu Gott?“, fragte Rolf.

„Nicht besonders.“

„Was denkst du denn über ihn?“

Mir kamen schon wieder die Tränen. „Das kann ich nicht sagen. Es ist zu … Ach, ich weiß nicht. So was darf man nicht mal denken und schon gar nicht laut aussprechen.“

„Doch, das darfst du. Gott hält das aus.“

„Ich traue mich nicht.“

Rolf lächelte ermutigend. „Er weiß es doch sowieso. Und dich wird es erleichtern, wenn du es aussprichst.“

Ich setzte dreimal an, bis ich es herausbrachte. „Ich komme mir vor wie … Es ist so, als wäre … Ich meine, wie nach dem Sündenfall. Da geht Gott abends durch den Garten und sucht die Menschen, die sich vor ihm verstecken, weil sie ein schlechtes Gewissen haben.“

Ich stockte, aber Rolf wartete nur. Er stellte keine hilfreiche Frage, also musste ich weiterreden.

„Es ist aber umgekehrt. Ich habe das Gefühl, nicht Gott, sondern ich gehe durch den Garten und rufe: Gott, wo bist du?

Verstehst du, Rolf?

Ich denke, Gott ist schuld. Und jetzt versteckt er sich vor mir. Wo ist er? Wo ist er gewesen, als ich ihn am nötigsten gebraucht hätte? Hat er zugesehen? Hat er sich abgewandt, weil es ein ekliger Anblick war? Ist er weggegangen und hat gedacht, in dreißig Jahren sehen wir weiter?

Kannst du mir das sagen?“

Plötzlich hasste ich Rolfs unbewegliches Gesicht. Und seine Antwort hasste ich auch, ich wusste sie schon, bevor er sie aussprach. Ich hatte sie schon öfters von ihm gehört.

„Nein, ich kann es dir nicht sagen."

„Natürlich nicht!", murmelte ich vor mich hin. Aber meine Wut war schon wieder verraucht, wütend sein war zu anstrengend.

„Aber du wirst es mir eines Tages sagen können."

„Ich?"

„Du wirst es irgendwann wissen. Es wird deine Antwort von Gott sein, nicht die von jemand anderem."

„Ich habe keine Kraft mehr, Rolf", flüsterte ich. „Ich kann nicht mehr weiter, wir müssen damit aufhören. Du sagst mir jedes Mal, dass die Erinnerung erst vollständig zurückkehren muss. Seit über fünf Monaten sagst du das. Aber wir kommen nicht weiter. Wir wissen nicht, wo diese Holzwand ist, die ich gesehen habe. Wir wissen nichts über den Biergeruch.

Das Einzige, was wir wissen, ist, dass ich noch sehr klein war, jünger als fünf Jahre, sonst hätte ich es nicht so komplett verdrängt.

Aber jetzt muss Schluss sein. Ich mache nicht mehr weiter."

Ich wartete einen Moment, aber Rolf widersprach mir nicht.

„Ich werde mich mit anderen Dingen beschäftigen. Ich komme nicht mehr. Ich kann einfach nicht mehr."

Er widersprach immer noch nicht. „Wie du willst", meinte er schließlich, „aber wenn du es dir anders überlegst, du hast ja meine Telefonnummer."

Bei Eve

Mein Entschluss schien richtig zu sein: Seit ich nicht mehr unablässig versuchte, mich zu erinnern, wurde mein Leben etwas ruhiger. Bei der Arbeit bemühte ich mich konsequent, Peter Müller aus dem Weg zu gehen. In meiner Freizeit hatte ich mir angewöhnt, entweder fernzusehen oder zu lesen. Auch meine Sammlung von Videokassetten sah ich wieder und wieder an.

Hin und wieder besuchte ich meine Mutter. Sie hatte damals meinen Entschluss, mich selbstständig zu machen und von zu Hause auszuziehen, erstaunlich gelassen hingenommen. Jetzt freute sie sich jedes Mal, wenn ich kam, unser Verhältnis schien ungetrübt. Sie fragte mich auch nicht mehr, ob mich etwas bedrückte. Vielleicht dachte sie, dass meine Unruhe mit dem Abnabelungsprozess zusammenhing, der ja längst überfällig war.

Eve sah tiefer, sie kannte die Ängste, die ich – wieder einmal – nur verdrängte. „Was machst du eigentlich zurzeit?", fragte sie einmal, als wir miteinander frühstückten. „Ich meine, was malst oder schreibst du?"

Ich schüttelte den Kopf. „Nichts."

Eve sah mich verblüfft an. Das war für sie kaum vorstellbar, weil ich sehr kreativ veranlagt war. Ich malte Glasbilder, entwarf Teppiche und schrieb Geschichten. Ständig hatte ich irgendein Projekt, an dem ich arbeitete, und mindestens zwei weitere im Kopf.

„Wie kommt das?"

„Ich kann mich nicht konzentrieren. Immer wenn ich mich

irgendwo hinsetze, fange ich an zu grübeln. Ich kann meine Gedanken nicht bei einem Bild oder einer Handarbeit halten. Spätestens nach fünf Minuten bin ich so nervös, dass ich alles hinwerfe. Ich habe mein ganzes Material noch in den Umzugskisten in der Dachkammer. Seit Monaten hab ich nichts mehr gemacht."

„Auch nichts geschrieben?"

„Nein."

„Früher hast du mal gesagt, du würdest platzen, wenn du deine Ideen nicht umsetzen könntest."

„Es sind keine mehr da. Meine ganze Kreativität ist weg, die geflügelten Pferde sind fortgeflogen."

„Die geflügelten Pferde?"

Ich nickte. „Der Pegasus, das geflügelte Pferd der Antike, ist das Symbol für Kreativität. Das Sinnbild für die, deren Seelen fliegen können …"

„Sie werden bestimmt wiederkommen!"

„Das kann niemand wissen. Und jetzt muss ich zur Arbeit." Ich brach das Gespräch bewusst ab, von Prophezeiungen, dass alles wieder gut würde, hatte ich die Nase voll.

Eve brachte mich zur Tür. Wieder einmal bewunderte ich ihr Taktgefühl. Sie hatte nicht gefragt, ob noch Zeit für ein Gebet wäre. Wahrscheinlich wusste sie, dass ich auch aufgehört hatte zu beten, und wollte mich nicht bedrängen.

Am nächsten Sonntag brachte sie mir ein Geschenkpäckchen mit einer Karte daran. „Mach es erst auf, wenn du zu Hause bist", bat sie, als sie es mir nach dem Gottesdienst in die Hand drückte.

Zu Hause war niemand außer Lexa, Ruth war nach Frankfurt zu ihrer Familie gefahren. Ich setzte mich an den Tisch und zog zuerst die Karte aus dem Umschlag.

„Eines Tages wirst du diese Geschichte aufschreiben und es wird eine Geschichte von Gottes Größe werden. Damit es dir dann nicht an Papier fehlt … Alles Liebe, Eve."

Ich riss das Papier auf. Ein Buch war darin, hübsch gebunden mit lauter leeren Seiten.

„Eines Tages …", flüsterte ich. Und dann fing ich wieder an zu weinen.

Was war aus meinem Leben geworden?

„Ich könnte genauso gut tot sein", jammerte ich. Und zum ersten Mal nahm dieser Gedanke feste Gestalt an. In der Endoskopie wurde täglich mit Beruhigungsmitteln gearbeitet, über deren Verbrauch ich allerdings immer Rechenschaft geben musste. Aber es konnte doch nicht so schwer sein, woanders etwas zu beschaffen.

Es war eine faszinierende Vorstellung, dass ich endlich Ruhe vor meinen quälenden Gedanken finden könnte.

„Eine Spritze und eine halbe Stunde Zeit, und keiner könnte mich zurückholen …" Hatte ich das laut gesagt? Lexa stand vor mir und stupste mich mit ihrer kalten Nase an. Sie wollte endlich spazieren gehen. Ich stand auf und holte die Leine. Eves Geschenk steckte ich ganz unten in meine Schreibtischschublade.

Aber dieser neue Gedanke ließ mich nicht mehr los. Eine Spritze und eine halbe Stunde Zeit … Ob Gott mich dafür mit der Hölle bestrafen würde? War Selbstmord in so einer ausweglosen Lage nicht verzeihlich?

War Jesus, der dem Mörder am Kreuz verziehen hatte, nicht auch dafür gestorben? Würde er nicht bei seinem himmlischen Vater für mich bitten?

Zu Lexas Begeisterung waren wir drei Stunden unterwegs und kamen völlig verdreckt und müde wieder zu Hause an.

Kurz danach nahmen meine Schlafprobleme wieder massiv zu. Entweder schlief ich gar nicht und fing an, nachts stundenlang zu lesen, oder ich döste ein und fuhr kurz danach wieder hoch, mit kaltem Schweiß bedeckt und nach Luft ringend.

An meinem nächsten freien Tag besuchte ich Eve wieder, sie schien meine einzige Zuflucht zu sein. Sie hatte einen großen Korb Bügelwäsche vor sich stehen. Das hatte ich ihr oft abgenommen, ich bügelte gern. Aber heute saß ich erschöpft auf dem Küchenstuhl daneben.

„Seit wann hast du nicht mehr richtig geschlafen?"

Ich fuhr hoch. „Entschuldige, was hast du gesagt?"

„Ich habe gefragt, seit wann du nicht mehr geschlafen hast. Du hast schwarze Ränder unter den Augen und bist völlig geistesabwesend."

„Keine Ahnung. Ziemlich lange, glaube ich."

„Du legst dich jetzt auf die Couch", kommandierte sie. „Keine Widerrede, du fällst sowieso gleich vom Stuhl. Ich verspreche, dass ich dich wecke, sobald du unruhig wirst. Aber vielleicht bleiben die Albträume ja auch weg, ich werde die ganze Zeit beten."

Gehorsam legte ich mich aufs Sofa, ich war viel zu erschöpft, um zu widersprechen. Vielleicht konnte ich ja wirklich schlafen. Sie deckte mich zu und ging an ihr Bügelbrett zurück.

Ich erwachte davon, dass Eve meinen Namen rief. Sie hatte sich auf den Rand der Couch gesetzt und hielt mich im Arm.

Verständnislos sah ich sie an. „Was ist passiert?"

„Du hast fast zwei Stunden geschlafen, ohne dich zu rühren. Und eben habe ich dich genauer angesehen und gemerkt, dass du weinst im Schlaf."

Ich tastete nach meinem Gesicht, es war wirklich nass.

„Hast du wieder einen Albtraum gehabt?"

„Nein. Keine Atemnot und keine Angst. Nur – alles ist so bleischwer …" Ich sah sie ratlos an. Was war das schon wieder?

„Du bist einfach übermüdet. Aber zwei Stunden Schlaf sind ja auch schon was. Willst du noch liegen bleiben?"

„Lieber nicht."

„Die Kinder kommen gleich nach Hause. Du bleibst zum Essen."

Ich nickte erleichtert. „Ja, danke. Später kann ich bestimmt nach Hause fahren, aber im Moment bin ich noch ein bisschen klapprig."

Als die Kinder nach dem Essen draußen spielten, fühlte ich mich etwas besser. Offenbar hatten die zwei Stunden Schlaf mir gutgetan.

„Wer lebt eigentlich noch von deiner Familie?", fragte Eve beiläufig.

Ich saß wieder auf dem Sofa, jetzt etwas entspannter. Sie hatte es sich im Sessel gegenüber gemütlich gemacht. In einer halben Stunde würde ihr Mann kommen, dann wollten wir gemeinsam mit den Kindern Kuchen essen und Kaffee trinken.

„Nur noch eine entfernte Cousine meiner Mutter, irgendwo im Sauerland. Sonst sind alle tot."

„Deine Mutter hat in der Frauenstunde mal von ihrer Schwester erzählt. Sie kam im Krieg um, nicht wahr?"

„Ja, bei einem Bombenangriff. Auch meine Großeltern sind alle vier tot."

„Hatte dein Vater keine Geschwister?"

„Nein, aber einen Freund, der mit ihm zusammen aufgewachsen ist. Sie waren früher mal wie Brüder, aber später verfeindeten sie sich. Sein Name war Harald Keinath. Er und mein Vater waren beide im Kirchenvorstand, als Kind habe ich ihn Onkel Harald genannt. Er starb vor fünf Jahren, seine Frau letztes Jahr."

„Wie war dieser ‚Onkel'?"

„Es gab keinen Kontakt mehr zu ihm, er fing irgendwann an, meinen Vater zu hassen. Einmal hat er ihn beschuldigt, in der Kirche Geld unterschlagen zu haben. Da war natürlich nichts dran, mein Vater konnte seine Unschuld beweisen."

„Das habe ich nicht gemeint. Wie sah er aus?"

Ich brauchte nicht zu überlegen. „Er war ungeheuer fett. Er hatte im Krieg gehungert und konnte danach nicht genug zu essen bekommen. Auf einem normalen Stuhl konnte er nicht sitzen, er brauchte einen ohne Armlehnen, sonst passte er nicht rein.

Er hatte einen ungeheuren Bauch, und Hände … diese haarigen Hände mit den Fingern wie …"

Ich hörte meine eigene Stimme wie durch einen Lautsprecher, verzerrt und dröhnend. Sie beschrieb ein Monster.

Dann wurde es dunkel.

Als ich zu mir kam, lag direkt vor meinen Augen etwas Langes, Rundes, Großes von graurötlicher Farbe. In meinem Mund war ein widerlicher Geschmack und mir war speiübel. „Mir wird schlecht", flüsterte ich und Eve hielt mir geistesgegenwärtig eine Schale vor den Mund, die zufällig auf dem Tisch stand.

Sie schob das runde, graurosa Etwas weg, und da merkte

ich erst, dass es mein Unterarm war. Ich war auf die Seite gefallen, als ich ohnmächtig wurde, und mein Arm lag direkt vor meinem Gesicht. Ich trug an diesem Tag einen Lambswoolpulli, meliert in Lachsrosa und Grau.

Irgendetwas war damit nicht in Ordnung, es war wichtig, aber es fiel mir nicht ein.

Ich erbrach das Mittagessen.

Eve brachte mich ins Bad, wo ich mir das Gesicht waschen und den Mund ausspülen konnte, und half mir dann zurück zum Sofa, damit ich mich hinlegte. Das Erbrechen war anstrengend gewesen.

„Was war das?", flüsterte Eve.

„Das Monster", brachte ich mühsam hervor. „Ich habe das fette Monster wieder gesehen. Es war da!"

Sie schüttelte den Kopf. „Du bleibst hier liegen, ich rufe Rolf an. Vielleicht weiß er, was zu tun ist."

„Ja." Ich war mit allem einverstanden.

Sie telefonierte und glücklicherweise war Rolf zu Hause. Ich hörte Bruchstücke von ihrem Gespräch. Sie beschrieb Rolf, was passiert war, und dann stand sie plötzlich neben mir. Das Gespräch war schnell zu Ende gewesen.

„Rolf hat gesagt, wir müssen das sofort abbrechen. Wir sollen nicht weiter darüber sprechen, du kannst morgen zu ihm kommen.

Er hat gefragt, ob du ein Schlafmittel hast, das du heute Abend nehmen kannst. Und ob heute Nacht jemand in deiner Nähe ist."

„Ruth ist da. Wieso kann ich nicht gleich zu ihm kommen? Was ist, wenn heute Nacht …"

„Sch!", unterbrach sie mich. „Wir sprechen nicht mehr darüber. Rolf war ziemlich besorgt. Er muss in einer halben

Stunde in die Gemeindeleitungssitzung und er meint, dass es heute auch zu viel für dich wäre. Du brauchst jetzt Ruhe."

„Ich höre immer Ruhe", antwortete ich höhnisch. „Was ist das eigentlich?"

Sie kam nicht mehr zu einer Antwort. Ronald, ihr Mann stand in der Tür. „Was ist denn hier passiert?"

„Anja ist krank. Wir sollten sie nach Hause bringen."

Ronald sah mich kurz an und nickte. Offenbar sah ich ziemlich elend aus.

„Müssen wir noch zur Apotheke oder zum Arzt?", fragte er.

„Nein, sie sollte nur so schnell wie möglich nach Hause und ins Bett. Ruth ist da, sie wird sich um sie kümmern."

„In Ordnung. Du kannst sie mit ihrem Auto fahren. Ich sammle die Kinder ein und komme hinterher."

Guter Ronald, dachte ich mir. Er macht wenig Worte, er fragt nicht viel, aber er ist immer hilfsbereit.

Wir redeten nichts während der Fahrt. Eve parkte mein Auto vor dem Haus und half mir die Treppe hinauf.

Ruth hatte uns vom Küchenfenster aus gesehen und kam uns im Flur entgegen.

„Was ist los?", fragte sie knapp.

„Sie hat sich erinnert, wenigstens teilweise. Es war ziemlich schlimm, sie war ohnmächtig und hat dann das ganze Essen erbrochen."

Ruth nickte. „Du gehst jetzt ins Bett", kommandierte sie. Ich hatte völlig teilnahmslos zugehört, wie die beiden über mich verhandelten. Sie schienen über eine fremde Person zu sprechen. Das alles ging mich nichts an. Nichts ging mich etwas an. Was war da überhaupt passiert?

Eve berichtete weiter: „Sie soll jetzt ein Schlafmittel nehmen und auf keinen Fall heute mehr darüber reden.

Rolf sagt, sie kann morgen Vormittag zu ihm kommen, aber heute Nacht sollte sie nicht allein bleiben. Ich würde am liebsten hierbleiben, aber meine Kinder … Ich kann es Ronald nicht erklären."

„Das brauchst du auch nicht. Ich kümmere mich darum, ich lasse sie nicht allein. Wir kommen da schon durch. Das ist es ja schließlich, worum wir seit Monaten gebetet haben. Und dass es mit Erbrechen und Kreislaufkollaps herauskommt, ist ja noch relativ harmlos. Die letzten Tage waren viel schlimmer."

Eve umarmte mich. „Schlaf jetzt, Liebes. Du wirst schlafen, Gott wird einen Engel neben dein Bett stellen, so hat Ruth es immer gesagt. Es wird dir niemand etwas tun!"

Sie hatte Tränen in den Augen, als sie Ruth zunickte und dann die Treppe hinunter zu Ronald und ihren Kindern ging. Ich sah sie vom Fenster aus wegfahren.

Ruth fragte mich nichts. Sie packte mich ins Bett, brachte mir Kamillentee und das Schlafmittel und kampierte auf dem Sofa in meinem Zimmer. Lexa lag neben meinem Bett. Ich hatte sonst nie erlaubt, dass der Hund ins Schlafzimmer kam.

Ich weiß nicht, wie viel meine beiden Freundinnen in jener Nacht schliefen und wie viel Zeit sie mit Gebet verbrachten. Aber ich schlief fest und traumlos bis zum Morgen.

In Trümmern

Am nächsten Vormittag saß ich wieder in Rolfs Arbeitszimmer an dem kleinen Tisch, Lexa neben mir. Es waren nur wenige Wochen vergangen, seit ich diesen Raum mit dem Entschluss verlassen hatte, nicht wiederzukommen.

Ich fühlte mich immer noch wie betäubt, mein Körper schien bleischwer zu sein. Auch meine Gedanken und Worte brauchten länger als sonst, während ich Rolf von dem gestrigen Erlebnis erzählte.

„Und jetzt glaubst du, dass es dieser Freund deines Vaters war?“, fragte er.

Ich nickte. „Aber frag mich nicht, wann und wo. Er war nie bei uns zu Hause. In unserem alten Haus in Bochum gab es keine dunkle Holzwand. Und ich bin nie bei ihm gewesen. Es ist mir nach wie vor rätselhaft.“

„Wie war das, als du aufgewacht bist?“

„Der Geschmack in meinem Mund war ganz widerlich. Nicht wie der Biergeruch, ich kann es gar nicht beschreiben.“

„Und vor deinem Gesicht?“

„Ich wusste nicht gleich, dass es mein eigener Unterarm ist, er war so dicht vor meinen Augen. Ich sah dieses runde graurötliche Ding … Warte, ich habe den Pulli mitgebracht.“ Ich zog ihn aus meiner Tasche und zeigte Rolf die Farbe. Er nickte, als sei ihm alles klar.

„Was meinst du, Rolf?“

„Sag mir, was *du* meinst.“

„Es kann doch nicht sein … Es war sein Penis … vor meinem Gesicht? In meinem … *Mund?*“ Ich schüttelte mich vor Ekel.

Rolf nickte langsam. „Ja."

Es klang schrecklich bestimmt und endgültig. Ich wollte es nicht hören, aber ich wusste, dass es die Wahrheit war. Deshalb hatte ich diese Atemnot, wenn ich nachts aus meinem Albtraum aufwachte. Deshalb hatte es keine sichtbaren Verletzungen in meinem Intimbereich gegeben. Er hatte mich oral vergewaltigt.

Ich fühlte die Übelkeit wieder, aber diesmal musste ich mich nicht übergeben. Ich saß da, beide Hände auf den Mund gepresst, und dachte immer wieder: Es kann nicht wahr sein, mein Gott, es darf nicht wahr sein!

Rolf ließ mir Zeit. Wir müssen sehr lange schweigend dagesessen haben. Irgendwann konnte ich weiterreden, obwohl meine Kehle schmerzte, als hätte ich lange und laut geschrien.

„Und was machen wir jetzt?"

„Wir kennen jetzt einen Teil der Wahrheit, aber sie ist noch nicht vollständig. Es tut mir leid, aber du musst dich erst an das Ganze erinnern."

Ich schüttelte fassungslos den Kopf. „Ist es denn noch nicht genug Elend gewesen? Wir wissen es doch jetzt!"

„Nein, es reicht nicht. Erst wenn du weißt, wie es war und wer noch daran beteiligt war, kannst du es verarbeiten. Wir müssen den Hergang kennen."

„Aber ich war zu klein! Da hat man doch sowieso nur bruchstückhafte Erinnerungen."

„Du täuschst dich. Ein so einschneidendes Erlebnis hast du ganz sicher in deiner Erinnerung. Und jetzt, wo die Barriere durchbrochen ist, wird es auch herauskommen."

Ich sah ihn verzweifelt an. „Dann wird es noch schlimmer werden?"

„Es wird immer nur so schlimm sein, dass du es ertragen kannst. Dafür wird Gott sorgen."

„So wie gestern?", fragte ich verbittert.

„Es wird vielleicht anders sein. Gott hat viele Möglichkeiten, die Vergangenheit bewusst zu machen.

Aber auch gestern hat er dich begleitet. Von dem Pulli, den du morgens angezogen hast, über die Frage von Eve bis hin zu Ruth, die nachts bei dir geblieben ist."

Das stimmte. Ich konnte es nicht abstreiten, so wütend ich auch auf Gott war. Ein schöner Gott, der kleine Kinder ihren perversen Vergewaltigern überließ und dann dreißig Jahre später solche Torturen brauchte, um das angeblich in Ordnung zu bringen!

Rolf sah mein höhnisch verzogenes Gesicht ruhig an. Ich hatte es nicht laut ausgesprochen, aber er konnte sich bestimmt vorstellen, was ich in dem Moment dachte.

Bis heute weiß ich nicht, ob es der Glaube der anderen war, der mich davon abhielt, mich von Gott loszusagen. Ich hatte sicher auch Angst, dann ganz allein zu sein. Und irgendwo, ganz hinten in meinem Kopf, war die Erinnerung an den Gott, an den ich früher geglaubt hatte. Ein liebevoller, freundlicher Gott, den ich jetzt in meinem Leben nicht mehr erkennen konnte.

„Da war noch was anderes, heute Morgen." Ich nahm das Gespräch unvermittelt wieder auf. „Ich hatte mir einen Kaffee gemacht, aber er schmeckte mir nicht. Ich saß einfach da und starrte an die Wand. Und ich sah ein Haus, es war so was wie eine Vision. Ich wusste genau, dass ich in der Küche am Frühstückstisch saß, aber da war dieses Haus."

Ich sah Rolf an, um seine Reaktion einzuschätzen. Er wartete.

„Es war nicht das Haus, in dem ich jetzt wohne, auch nicht das von meiner Mutter oder unser altes in Bochum. Es war von allen dreien was dabei und ich dachte, es ist das Haus meines Lebens. Ich stand davor und es ist explodiert."

Ich hielt inne, denn ich sah es wieder so deutlich wie am Morgen. Überall Trümmer, Rauch und Flammen, aber ich war nicht verletzt.

„Ich bin reingegangen, obwohl es brannte. Alles war kaputt, die Möbel, meine Sachen, alles. Und überall lagen Leichen."

Ich schluckte. Es war schwer, weiterzusprechen. „Ich konnte sie nicht erkennen, die Gesichter waren schwarz vom Rauch. Aber sie sahen nicht aus wie Menschen, die bei einer Explosion sterben. Kein Blut, keine Verletzungen.

Ihre Körper waren rund und aufgetrieben, ihre Arme und Beine sahen aus, als würden sie bald platzen. Und ich dachte: Das ist mein Leben, das ist meine Vergangenheit. Und es war mir egal, dass alle tot dalagen und alles kaputt war.

Ich habe das Haus verlassen. Ich fand noch ein kleines Körbchen, das heil war, ein bisschen Schokolade und Kuchen, das habe ich mitgenommen. Und draußen war Lexa.

Wir sind zusammen weggegangen, immer die Straße hinunter. Als es dunkel wurde, haben wir zusammen die Schokolade gegessen und dann im Rinnstein geschlafen. Und ich dachte: Das ist jetzt mein Leben."

Wir schwiegen lange. Diese Vision brauchte keine Erklärung.

Im Schlaf

In der nächsten Zeit führte ich eine Art Schattendasein. Ich verrichtete meine Arbeit, aber ich zog mich immer mehr von anderen Menschen zurück. Wenn meine Kollegen sich in der Pause unterhielten, las ich meist in einer Zeitschrift oder in einem Buch. Ich ging Peter Müller nach wie vor aus dem Weg, aber ich stritt nicht mehr mit ihm.

In meiner Freizeit machte ich weiterhin lange Spaziergänge und versuchte mich durch Bücher und Filme am Nachdenken zu hindern. Irgendwann würde die nächste Kammer mit grausigem Inhalt in meinem Kopf aufgehen. Es blieb mir nichts übrig, als abzuwarten.

In den nächsten Monaten wurden mir nur kleine Dinge bewusst, die plötzlich zu meinem neuen Wissen passten.

So fiel mir eines Abends im Bett wieder ein, wie ich als Kind eingeschlafen war. Wenn meine Mutter mich ins Bett gebracht hatte, begann ich den Kopf unaufhörlich von einer Seite zur anderen zu drehen. Rechts – links – rechts – links. Ich nannte das: mich in den Schlaf schaukeln. So bin ich jahrelang eingeschlafen, erst später als Schulkind hörte ich damit auf.

Und plötzlich stand mir wieder vor Augen, wie die fetten Hände nach mir griffen. Die dunkle Holzwand, an der ich *gelegen* hatte, als sie nach mir fassten.

Ich hatte gelegen! Er hatte mich aus dem Schlaf geholt, deshalb die Panik in der Nacht. Und deshalb die seltsame Gewohnheit, mit dem Kopf zu schaukeln, bevor ich einschlief. Offenbar fürchtete ich unbewusst, dass jemand an meinen Mund kam, wenn ich stillhielt.

Eine andere Szene tauchte wieder auf.

Ich stand vor einer Tür und konnte die Klinke nicht erreichen. Hinter der Tür war meine Mutter, sie hatte mich ausgesperrt, ich konnte nicht zu ihr. Ich war allein und hatte schreckliche Angst. „Mama, Mama", hörte ich mich jammern.

Aber ich fand nicht heraus, wo sie mich allein gelassen hatte. Es blieb ein Bruchstück, kein Zusammenhang wollte sich ergeben.

Meine Freundinnen und Rolf Wieland warteten mit mir gemeinsam. Und dann, spät im Herbst, hatte ich einen seltsamen Traum.

Ich befand mich an einem Weg, der mit blühenden Büschen gesäumt war. Weiß und lila und wunderbar duftend. Ein Mann kam mir entgegen, schrecklich dick und groß. Er trug einen langen Mantel, der von seinem Bauch gerade herunterhing, glatt und grau. Darunter sah ich seine Knöchel und Füße in schweren Arbeitsschuhen, der Mantel war also sehr lang.

Das Bild veränderte sich. Ich lag auf einer Art Bett an einer dunklen Holzwand. Der ganze Raum war düster, nur durch ein kleines Fenster fiel trübes Licht. In einer Ecke saß das fette Monster und hatte den Kopf weggedreht.

Eine Frau stand vor mir, sie goss kaltes Wasser in mein Gesicht und schüttelte mich. Ich rührte mich nicht und im Traum dachte ich plötzlich: Ich bin tot! Er hat mich umgebracht, ich bin erstickt. *Ich bin ihm entkommen.*

Mit diesem Gedanken wachte ich auf.

Ich war am Leben, war also nicht entkommen. Diese Frau – Keinaths Frau Herta, ich kannte sie von Fotos – hatte mich irgendwie zurückgeholt. Das Erste, was ich empfand, war eine schreckliche Enttäuschung.

Wie hatte sie mich wieder zum Atmen bringen können? Warum war ich nicht dort gestorben, und all das Leid und die Angst wären mir erspart geblieben?

Der Tod war doch offenbar der einzige Ausweg. So lange ich am Leben war, konnte er mich quälen. Jede Nacht konnte er zurückkommen und mich im Schlaf ersticken, immer gerade so, dass ich nicht starb. Wie oft hatte ich das in den letzten Monaten im Traum durchgemacht, ohne mich zu erinnern?

Und es war völlig egal, ob ich mich am Morgen erinnerte oder nicht. Die Todesangst, das Ersticken und die Starre in meinem Körper waren jedes Mal da gewesen.

Es spielte auch keine Rolle, dass er seit Jahren tot war. Für mich war er lebendig und konnte mich jederzeit in seine Gewalt bringen. Es gab also keinen Ausweg außer dem Tod. Jetzt war ich sicher, dass Gott mir verzeihen würde.

Der Herr Jesus würde für mich sprechen und sagen: Sie konnte nicht mehr, sie kann nichts dafür. Die Last war zu schwer für sie; die Versuchung, den einzig erträglichen Weg zu gehen, war zu groß.

Ich würde in den Himmel kommen und dort in Sicherheit sein. Das war meine einzige Möglichkeit.

Nur etwas an dem, was Jesus meiner Meinung nach sagen würde, stimmte nicht. *„Die Versuchung war zu groß.“* In der Bibel stand das anders, Rolf hatte es mir vorgelesen.

Ich stand auf und holte meine Bibel. Es stand in 1. Korinther 10,13: „Gott ist treu, der euch nicht versuchen lässt über eure Kraft, sondern macht, dass die Versuchung ein Ende nimmt, sodass ihr es ertragen könnt.“

Diese Aussage stand in den nächsten Monaten zwischen mir und dem Schubfach mit der Spritze und den Ampullen, die ich längst heimlich besorgt hatte. Und sooft ich mich der Schublade näherte, um das Medikament herauszunehmen, musste ich daran denken. *Gott ist treu.* Es klang oft höhnisch und nur selten tröstlich. Aber weil es so in der Bibel stand, kam ich nicht daran vorbei.

Ich meldete mich bei Rolf für einen neuen Gesprächstermin an und erzählte ihm von meinem Traum. „Jetzt weiß ich, wie es war. Ich bin völlig sicher, dass es so war. Genügt das endlich?"

„Du hast sein Gesicht nicht gesehen?"

„Nein. Er hatte sich weggedreht, aber ich habe Herta gesehen, seine Frau."

„Das genügt nicht."

Ich konnte es nicht fassen. „Aber es kann nur er gewesen sein! Eine andere Möglichkeit gibt es nicht!"

„Bist du ganz sicher? Du hast sein Gesicht nicht gesehen!"

Ich dachte noch einmal nach. Die Szene stand deutlich vor meinem inneren Auge, aber ich wusste nach wie vor nicht, wo es gewesen war.

Mir fiel ein, was ich in meinem Psychologiebuch zu den Begriffen „Übertragung" und „verfälschte Erinnerung" gelesen hatte. „Ein Gefühl, das einer nahestehenden Person gilt, wird auf eine andere Person übertragen, die den Betroffenen daran erinnert." So oder so ähnlich stand es da. Und an anderer Stelle: „Mit falscher Erinnerung bezeichnet man die Verzerrung einer tatsächlichen Erinnerung."

„Mein Vater", flüsterte ich. Die beiden hatten einander entfernt ähnlich gesehen. Mein Vater war zwar korpulent, aber nicht so übermäßig dick gewesen wie Keinath.

„War es mein Vater und ich habe die Erinnerung unbewusst verfälscht, weil ich das anders nicht aushalten konnte? Habe ich das Ganze nur auf Keinath übertragen?"

„Das ist es, was du herausfinden musst."

„Es ist nicht logisch", wehrte ich mich. „Dann wäre meine Mutter dabei gewesen und nicht Herta!"

Rolf schwieg.

Nein, dachte ich. Nein, das kann nicht sein!

Aber der feste Boden unter meinen Füßen war weg. Wie weit konnte es eigentlich noch abwärtsgehen? Jedes Mal, wenn ich glaubte, ganz unten angekommen zu sein, tat sich die nächste Falltür auf.

„Können wir für heute Schluss machen?", fragte ich zittrig. Ich konnte mich unmöglich jetzt damit befassen, ich hatte den Traum ja noch nicht mal verdaut.

„Natürlich. Aber ich würde gern noch beten, bevor du gehst."

Rolf betete. Er dankte Gott für die Erinnerung, die er freigesetzt hatte, und bat um die Wahrheit: Wahrheit ohne den Schatten eines Zweifels.

Diesmal brachte ich kein „Amen" heraus. Wenn die Wahrheit noch fürchterlicher war, was sollte dann aus mir werden?

Meine Mutter

In den nächsten Tagen beschäftigte mich der Gedanke an eine möglicherweise verfälschte Erinnerung mehr als der eigentliche Inhalt des Traums.

Wie konnte ich dahin kommen, das Gesicht des Monsters zu sehen, wenn es sich doch weggedreht hatte? Gab es eine andere Szene, die mir noch bewusst werden musste, bei der ich das Gesicht erkennen würde?

So lange konnte ich nicht warten. Die einzige noch lebende Person, die es wissen musste, war meine Mutter. Ich musste sie zum Reden bringen, und ich durfte ihr kein Schlupfloch für Ausflüchte lassen.

Rolf hatte mir davon abgeraten. Er war überzeugt, dass ich von ihr nicht die Wahrheit hören würde. Objektiv betrachtet stimmte das. Egal, was wirklich passiert war – sie war zumindest indirekt schuld. Und wer sich schuldig fühlt, streitet leicht alles ab. Für meine vagen Traum- und Erinnerungsfetzen konnte sie eine banale Erklärung finden.

Aber ich glaubte, meine Mutter besser zu kennen. Sie war dem Tod ganz nah gewesen, als sie Krebs hatte. Damals hatte sie ihr Leben geordnet, bestehende Konflikte beendet und alte Schuld bereinigt. Mit dieser Last auf dem Gewissen hätte sie nicht sterben können.

Es kam also darauf an, sie so mit dem Missbrauch zu konfrontieren, dass sie ihn als Tatsache anerkannte und nicht als Möglichkeit, für die es auch eine andere Erklärung geben konnte. Liebte sie mich genug, um mir zu helfen? Und würde es mir gelingen zu erkennen, ob sie sich schuldig fühlte?

Der Besuch musste geplant werden, niemand durfte uns stören. Ich fragte telefonisch an, ob wir am nächsten Tag zusammen frühstücken könnten. Ja, sie freute sich auf mich.

Ich hatte Angst vor dem, was ich da tun wollte. War es nicht besser, auf Rolf zu hören? Aber wie lange musste ich dann mit dem Verdacht gegen meinen Vater leben? Würde meine Erinnerung an ihn beschmutzt und zerstört sein, bevor herauskam, dass er unschuldig war? Ich dachte an die Sache mit der angeblichen Unterschlagung, die Keinath ihm unterstellt hatte, und das gab den Ausschlag. Ich würde meine Mutter fragen.

„Mama, du hast dich sicher gewundert, weil ich in letzter Zeit so verändert bin. Ich habe lange nachgedacht und ich muss mit dir darüber reden.

Ich habe herausgefunden, dass ich als Kind sexuell missbraucht worden bin. Ich bin deshalb in seelsorgerlicher Behandlung."

Meine Mutter saß völlig versteinert da. Sie starrte mich entsetzt an.

„Es gibt überhaupt keinen Zweifel. Das ist auch der Grund, warum ich keinen Mann in meiner Nähe ertragen kann."

Diese Tatsache, die meiner Mutter schon schwer zu schaffen gemacht hatte, nahm ihr die Möglichkeit zu sagen: „Das kann nicht sein." Stattdessen stotterte sie: „Aber wann ... wer ... wie war das möglich?"

Ihr Entsetzen war so echt und ungekünstelt, dass mir etwas leichter wurde.

„Ich brauche deine Hilfe, um die näheren Umstände herauszufinden. Ich weiß genau, dass die Vergewaltigung oral war."

„Wie … was war sie?“

Ich hatte nicht daran gedacht, dass meine Mutter einer anderen Generation angehörte. Sie kannte vielleicht die Praktiken, aber nicht den lateinischen Begriff. Mit dürren Worten erklärte ich, was Oralverkehr ist. Sie verzog angeekelt das Gesicht.

„Ich muss es wissen, Mama. Hat Papa je … so etwas von dir verlangt?“

Sie antwortete nicht gleich. Wieder dachte ich daran, um wie viel älter sie war. Mit ihrer Tochter über die Sexualpraktiken in ihrer Ehe zu sprechen, war tabu. So war sie erzogen.

Aber meine Mutter war eine tapfere und kluge Frau. Sie erkannte die unterdrückte Verzweiflung hinter meiner Kaltschnäuzigkeit und verstand, dass ich unbedingt eine ehrliche Antwort brauchte. An diesem Morgen entschloss sie sich, mit mir gemeinsam die Wahrheit herauszufinden, egal wie schmerzlich sie war.

„War es wirklich Papa?“ Ihre Stimme war tonlos vor Entsetzen.

„Ich bin nicht ganz sicher. Es könnte auch Harald Keinath gewesen sein. Es gibt einen seelischen Mechanismus, bei dem eine Erinnerung verfälscht werden kann …“

Sie hörte meiner Erklärung konzentriert zu. „Das heißt also, du musst herausfinden, wer von den beiden es getan hat?“

„Ja.“

„Papa hat das nie von mir verlangt. Hilft dir das weiter?“

Ich schüttelte den Kopf. „Es ist kein Beweis.“

Sie war immer noch fassungslos. „Wie konnte das vor mir verborgen bleiben? Ich hätte doch etwas merken müssen!“

„Ein Kind wird danach höchstwahrscheinlich krank sein. Immerhin bin ich fast dran erstickt. Fällt dir dazu nichts ein?“

Sie überlegte eine Weile. „Als kleines Kind hattest du mal eine Magenverstimmung. Du hast tagelang gebrochen. Wir wollten dich schon ins Krankenhaus bringen."

„Nur gebrochen?"

„Ja, das war sonderbar. Bei einem Infekt hättest du eigentlich auch Durchfall haben müssen."

„Mama, denk nach! Wann habe ich gebrochen? Gleich nach dem Essen oder erst später?"

Ich lenkte sie mit meinen Worten bewusst von dem weg, was meiner Ansicht nach zu dem Missbrauch passte. Ich wollte ihr auf keinen Fall etwas soufflieren.

„Du hast überhaupt nicht zu Ende gegessen. Jeden Löffel Haferbrei hast du sofort wieder herausgewürgt."

„Und warum musstet ihr mich nicht ins Krankenhaus bringen? Ich war doch bestimmt ganz ausgetrocknet."

„Du hast Wasser getrunken, das blieb drin. Und dann sagte Doktor Werner, als er das sah, ich soll dir etwas zum Beißen geben, du hättest seiner Meinung nach Hunger. Ich gab dir einen Zwieback, den hast du gleich gegessen. Und damit warst du über den Berg."

Ich holte tief Luft. Das passte genau. Ein Kind, das sich verzweifelt gegen den faden Geschmack und die weiche Substanz in seinem Mund wehrt, würgt sofort. Es isst nicht auf und erbricht dann später.

Dass ich den Zwieback problemlos essen und Wasser trinken konnte, sprach gegen eine Magenverstimmung und dafür, dass ich körperlich überhaupt nicht krank war.

„Wie alt war ich da?"

„Zwei, drei Jahre. Ich weiß es nicht mehr genau. Ich habe es nur deshalb nicht vergessen, weil ich mir vor Doktor Werner so dumm vorkam. Auf die Idee mit dem Zwieback hätte ich schließlich selbst kommen können. Stattdessen holte ich ihn zu uns nach Hause, weil ich dachte, du musst ins Krankenhaus."

Ich nickte. Wie oft hat ein Kind Erbrechen mit oder ohne Durchfall? Dass meine Mutter sich so genau an diese Sache erinnern konnte, lag nur daran, dass sie sich vor dem Kinderarzt geniert hatte. Aber für mich war es von großer Bedeutung.

Ich teilte ihr meine Schlussfolgerung mit und sie nickte. „Das könnte stimmen. Aber wie hilft uns das weiter?"

„Weißt du nicht, was vor dieser Erkrankung war? Es ist wichtig!"

Sie schüttelte den Kopf. „Du warst als Kind so oft krank. Was davor und was danach war – das kann kein Mensch behalten. Ich weiß es einfach nicht mehr.

Aber da war noch etwas, es muss ungefähr um dieselbe Zeit gewesen sein, du warst zwei oder drei Jahre alt. Du hattest damals eine Phase, in der du völlig auf mich fixiert warst. Sogar wenn ich auf der Toilette war, hast du heulend vor der Tür gestanden. Es dauerte ein paar Wochen, dann war es vorbei."

Ich nickte unwillkürlich. Das war das Bruchstück, der Fetzen Erinnerung, der vor ein paar Wochen aufgetaucht war: Panik, wenn meine Mutter mich allein ließ. Es passte.

Wir schwiegen eine Weile. Dann begann meine Mutter von Neuem. „Gibt es denn noch andere Anhaltspunkte? Ich helfe dir mit allem, was ich kann. Ich muss wissen, wer dir das angetan hat!"

„Bist du sicher?"

Ihre Augen standen voller Tränen. „Kind, ich bin doch schuld, weil ich nicht besser auf dich aufgepasst habe! Ich kann doch nie mehr ruhig schlafen, wenn ich nicht weiß, wer …“ Ihre Stimme kippte. „Ich habe es nicht verhindert! Das Einzige, was ich jetzt noch tun kann, ist dir zu helfen, die Wahrheit herauszufinden.“

Ich glaubte ihr. Sie hatte es wirklich nicht gewusst. Für mich war es eine Erleichterung, aber meiner Mutter hatte ich an diesem Tag eine schwere Last auferlegt.

Mit ihr hatte ich jedoch eine neue Verbündete gewonnen, vielleicht die Wichtigste in meinem Kampf gegen das Monster ohne Gesicht.

Trotzdem hatte ich immer noch Rolfs Warnung im Kopf. Ich wagte nicht, ihr alle Details zu erzählen. Und sie war zu verstört, um mich zu fragen oder zu drängen.

Alte Fotos

Ich hatte Rolf von dem Gespräch mit meiner Mutter berichtet und von meiner Überzeugung, dass sie mir helfen wollte. Er nahm es kommentarlos hin.

Eve war weniger zurückhaltend. „Rolf ist noch nicht lange unser Pastor, er kennt deine Mutter kaum. Aber ich kenne sie jetzt seit sieben Jahren und ich bin sicher, dass sie aufrichtig ist."

Sie dachte einen Moment nach. „Wenn ich mich in ihre Lage versetze, glaube ich, sie ist genauso fertig wie du. Wenn das jemand mit meiner Lisa gemacht hätte – ich weiß nicht, was ich getan hätte."

Da ich selbst keine Kinder hatte, war mir dieser Aspekt bisher entgangen. Vielleicht war ich auch zu egoistisch in meiner Verzweiflung und dachte zu wenig daran, was ich den anderen zumutete, die das alles mit mir trugen?

Ich fragte Eve danach.

„Blödsinn", antwortete sie. „Natürlich nimmt uns das mit, aber du bist das Opfer. Hör bloß auf mit dieser komischen Rücksichtnahme oder besser, fang erst gar nicht damit an."

Zum ersten Mal seit langer Zeit gelang mir ein schiefes Lächeln.

Eve grinste ebenso schief zurück. Dann nahm sie mich kurz in den Arm und sagte: „Ach, Anja, wie gut, dass wir zusammen sind. Wir haben schon so viel gemeinsam durchgestanden, das hier wird auch werden."

Ich nickte. Es erschien mir nicht mehr so unmöglich wie vor ein paar Monaten.

„Was machst du an Weihnachten?“, fragte sie.

„Ich besuche meine Mutter über die Feiertage. Ruth fährt auch zu ihrer Familie, wir haben beide erst an Silvester Dienst.“

Zum vierten Advent fuhr ich nach Hause und besuchte mit meiner Mutter gemeinsam den Gottesdienst. An diesem Sonntagmorgen empfand ich zum wiederholten Mal die tiefe, bittere Enttäuschung über Gott, der mich nicht beschützt hatte, wie einen scharfen körperlichen Schmerz.

Der Gottesdienstleiter sagte ein altes Kirchenlied an, es hieß „Sicher in Jesu Armen“. Ich kannte es schon seit vielen Jahren und hatte es immer gern gesungen, weil mir die Melodie gefiel. Jetzt schlug ich das Gesangbuch auf und starrte auf den Text, als hätte ich ihn noch nie gesehen oder vorher nie seine Bedeutung verstanden.

Das Orgelvorspiel war zu Ende und die Gemeinde fing an zu singen, aber ich brachte keinen Ton heraus. Ich sah das, was da im Text stand, plötzlich vor mir: einen Mann, Jesus. Jesus war ein Mann! In seinen Armen, an seiner Brust – Sicherheit?

Die Umarmung eines Mannes bedeutete den Tod, bedeutete, erstickt zu werden!

Ebenso sah ich Gott plötzlich als den Vater, also auch als einen Mann. Konnte er mich deshalb meinem Peiniger überlassen, weil alle Männer so waren, ohne Rücksicht auf Schwächere? Auch die Väter?

Mir schossen die Tränen in die Augen. Ich klappte das Gesangbuch zu und ging so schnell wie möglich hinaus. Niemand sah, wie ich draußen in der Kälte stand und weinte, weil es nirgendwo mehr Geborgenheit gab, nicht einmal bei

Gott oder Jesus. Ich würde diese Lieder nicht mehr singen, es waren lauter Lügen.

Es wurde ein trauriges Weihnachtsfest, überschattet von Ahnungen und Vermutungen. Aber ich hatte meine Mutter unterschätzt.

Am 28. Dezember setzte sie sich nach dem Frühstück entschlossen zu mir an den Kamin. „Wir müssen alle Informationen, alles, was du weißt, einzeln durchgehen", sagte sie. „Irgendetwas werden wir finden."

„Aber Rolf sagt, dass das nicht hilft. Es muss für mich wieder real werden, ich muss es selbst aus mir heraus wissen!"

„Da hat Rolf sicher recht. Aber vielleicht können wir deiner Erinnerung auf die Sprünge helfen. Es war doch ein Bild, ich meine die Hände deines Kollegen Müller, die das Ganze in Gang gebracht haben."

„Ja, schon ..." Ich blieb vorsichtig.

„Über diese Hände habe ich die ganze Zeit schon nachgedacht. Du hattest nie Angst vor Papa oder vor seinen Händen. Du hast ihn geliebt und bist immer auf seinen Schoß geklettert. Er hat dich sein Schmusekätzchen genannt."

„Stimmt. Außer wenn er Bier getrunken hatte."

„Aber du wärst nicht so zutraulich zu ihm gewesen, wenn er dir wirklich etwas Böses getan hätte. Du bist ihm entgegengerannt, wenn er nach Hause kam. Das war so, seit du laufen konntest!"

Sie hatte recht. Mir fielen andere Dinge ein. Immer war ich zu Papa gegangen, wenn mich etwas beschäftigte, Frohes und Trauriges. Wie hatte ich ihn einmal genannt? Meinen Schutzwall gegen die ganze Welt. Wenn das stimmte, war er ein besserer Vater gewesen als Gott.

War der erste Hinweis auf Keinath doch richtig gewesen?

„Nehmen wir an, es war Keinath. Er hatte keine Gelegenheit! Oder war ich mal in seinem Haus? Oder er bei uns, über Nacht zum Beispiel?"

Meine Mutter sah mich unglücklich an. „Nein, Kind, nie. Willst du mir nicht alles erzählen?"

Ich schüttelte den Kopf. Die Details waren so sonderbar. Ich wollte auch nicht, dass sie sich eine einfache Erklärung zusammenzimmerte, damit es leichter wurde. Aber ich hatte eine andere Idee. „Es gibt doch Bilder aus der Zeit, Fotoalben. Können wir sie ansehen?"

„Natürlich. Ich hole sie sofort."

Da saßen wir gemeinsam am Kamin und blätterten die Seiten um. Es waren alte, zum Teil vergilbte Schwarz-Weiß-Aufnahmen. Ein Bild zeigte ein strahlendes kleines Mädchen in einem Sandkasten. Darunter stand: Anja, 2 ½ Jahre, September 1966.

„Was für ein glückliches Kind ich mal war", sagte ich und schlug das Blatt um.

Plötzlich begann mein Herz unregelmäßig und laut zu klopfen. Auf dem nächsten Bild war ich wieder zu sehen, nur wenig älter. Ich stand zwischen zwei Gartenstühlen, in denen meine Mutter und Herta Keinath saßen. Den Hintergrund bildete eine dunkle, raue Holzwand, in der ein kleines Fenster war. Seitlich blühte eine verwilderte Fliederhecke. Das Bild hatte keine Unterschrift.

„Mama, wo ist das?", fragte ich mit krächzender Stimme. Mein Mund war wie ausgetrocknet, mir blieb im wahrsten Sinne des Wortes die Spucke weg.

„Lass mal sehen", sie zog das Album näher heran. „Komisch, wo war das bloß … Ach ja, im Odenwald, wo Harald das Grundstück gekauft hatte. Er baute da ein Ferienhaus, wir wohnten im Nachbarort in einem Hotel. Du warst nachts bei uns im Schlafzimmer, da kann nichts passiert sein."

Sie blätterte das Pergamentpapier um, das sich zwischen den Fotoseiten befand. „Siehst du, da steht es."

Ein weiteres Bild mit der Unterschrift: „Odenwald, Mai 1967, Bau des Ferienhauses."

Und auf dem Bild? Das unregelmäßige Klopfen meines Herzens verwandelte sich in ein hektisches Rasen.

Zwei Männer standen am Rand einer Baugrube. Sie trugen altmodische Arbeitskittel, bei dem einen war er viel zu lang und hing glatt über den unförmigen Leib bis fast zu den Knöcheln herunter. Es waren mein Vater und Keinath.

„Für Harald gab es einfach keinen passenden Kittel", sagte meine Mutter unbefangen. „Er hatte den Größten gekauft, den er bekommen konnte, und der war natürlich viel zu lang …"

Erst jetzt sah sie, dass meine Hand auf dem Album heftig zitterte. „Kind, was ist denn?"

Ich blätterte das Pergament wieder zurück zu dem Bild mit der Holzwand im Hintergrund.

„Wo ist das, Mama? Wo steht diese Wand? Ist es auch ein Haus, dort in der Nähe?"

„Das war die Bauhütte. Sie wurde abgerissen, als das Haus fertig war. Harald war so stolz auf sein neues Grundstück, er wollte es uns unbedingt schon zeigen, bevor das Haus stand. Nur für zwei oder drei Tage. Ich glaube, er wollte uns neidisch machen, denn wir konnten uns kein Ferienhaus leisten."

„Die Bauhütte? Mama, bin ich da drin gewesen? Wie hat sie von innen ausgesehen?"

Sie sah mich scharf an.

„Bitte sag es mir. Vorher kann ich dir nichts erzählen."

„Es war keine richtige Bauhütte voller Werkzeug. Es war eher ein primitives Gartenhaus, mit Stühlen und zwei Pritschen, auf denen er und Herta schliefen. Wir haben da nachmittags gesessen und Kaffee getrunken.

Und, ja, natürlich bist du mit uns da drin gewesen."

„Nur mit euch? Nie allein?"

Sie schüttelte den Kopf. „Du warst zu klein, um allein zu bleiben. Du hast da drin noch deinen Mittagsschlaf gehalten, und Herta hat auf dich aufgepasst. Papa und ich waren Kuchen einkaufen …" Sie stockte unvermittelt. „Mein Gott!"

Ich nickte. „Da war es." Jetzt konnte ich ihr alles erzählen.

So fassungslos und so wütend habe ich meine Mutter nie vorher und nie später gesehen. „Dieses Schwein!", schrie sie. „Das kann doch nicht wahr sein! Wenn er nicht tot wäre, würde ich ihn auf der Stelle umbringen!"

Ich dachte an Eves Worte vor einigen Tagen. Arme Mama.

„Vielleicht hat Gott ihn dafür ja schon bestraft", sagte sie plötzlich mit einem rachsüchtigen Unterton, den ich nicht von ihr kannte.

„Was meinst du?", fragte ich überrascht.

„Erinnerst du dich nicht daran, wie Herta uns seinen Tod mitgeteilt hat? Der Arzt kam zu spät für eine Wiederbelebung, weil das Haus im Odenwald so einsam liegt. Er starb an einem Herzinfarkt, dort an derselben Stelle, wo er dich – ich kann es gar nicht aussprechen.

Er kam nicht mehr zu Bewusstsein, bevor er starb. Er hatte keine Zeit mehr, etwas zu bereuen."

Hatte sie recht? Was für eine schreckliche Vorstellung, dass ein Mensch ohne Vorwarnung starb, mit einer solchen Schuld auf dem Gewissen. Oder hatte er irgendwann in all den Jahren einmal Reue verspürt und nicht den Mut gehabt, zu uns zu kommen?

Trotz dieser beklemmenden Überlegungen war ich erleichtert. Es war nicht mein Vater gewesen, diese schlimmste aller Möglichkeiten war mir erspart geblieben.

Das Puzzle zusammensetzen

Ich nahm das Fotoalbum mit zu meinem nächsten Termin bei Rolf und erklärte ihm, wie meine Mutter mir freiwillig alles erzählt hatte, ohne dass ich ihr vorher irgendein Detail genannt hatte.

„Sogar die Blumen aus meinem Traum sind da. Eine Fliederhecke. Flieder blüht weiß und lila und duftet stark."

Er betrachtete die beiden Fotos und nickte. „Das ist wirklich überzeugend." Dann blätterte er etwas weiter zurück und sah das Bild an, auf dem ich im Sandkasten spielte. Zum ersten Mal war er nicht neutral und professionell, sondern sah richtig traurig aus. „So ein glückliches kleines Mädchen", flüsterte er.

Ich schluckte. Auch Rolf hatte zwei kleine Kinder, ein Mädchen von drei Jahren und einen Jungen von sechs Monaten.

„Rolf", fragte ich leise, „hast du so was schon öfters gemacht? Seelsorge mit einem Missbrauchsopfer, meine ich."

„Ja. Aber es war nicht so schwer wie bei dir, es hat nie so lange gedauert, allein die Erinnerung zurückzubringen. Fast ein Jahr …"

„Aber wir haben es jetzt geschafft. Wie geht es weiter?"

„Ich glaube immer noch, dass dir das Gesicht und der Vorgang selbst wieder bewusst werden müssen. Alles, was wir haben, ist indirekt. Kurz davor, kurz danach. Alte Fotos. Es ist immer noch nicht alles da, wir haben es bloß rekonstruiert."

„Rolf, das kann kein Mensch verlangen. Wir wissen alles, es muss jetzt genug sein. Sag mir, wie ich das loswerden kann."

„Du weißt noch nicht *alles*."

In meine Erleichterung und meinen Stolz darüber, wie geschickt ich doch gewesen war, mischte sich Ärger.

„Immer sagst du, dass es nicht reicht!“, warf ich ihm vor. „Immer sagst du, dass das nicht alles ist. Es ist alles klar, wir wissen wann, wo und wie!“

Meine Stimme war so laut geworden, dass Lexa sich knurrend aufrichtete.

„Schon gut, Lexa, Platz!“

Er ließ sich nicht beeindrucken. „Den Vorgang bewusst zu machen, bedeutet, ihn noch einmal in Gedanken zu erleben. Erst dann kann die Heilung beginnen.“

Noch einmal erleben? „Das ist sadistisch, Rolf. Grausam und gemein. Ich bin froh, dass es so gegangen ist.“

Er schwieg und ich saß da und versuchte, vernünftig zu sein. Wenn er recht hatte, stand mir das Schlimmste noch bevor. Meine tolle Abkürzung über meine Mutter war eine Sackgasse gewesen.

Nein, keine Sackgasse, korrigierte ich mich. Ich hatte nicht länger den falschen Verdacht gegen meinen Vater und das war viel.

Aber ich war noch nicht am Ziel, wie ich gehofft hatte. Und ein Zurück hatte es von Anfang an nicht gegeben. Zum ersten Mal seit Monaten betete ich von ganzem Herzen. „Lieber Herr Jesus, wenn Rolf recht hat und ich den Missbrauch wirklich noch einmal bewusst erleiden muss, dann steh mir bei. Lass es bald sein, das Warten ist so schrecklich. Ich bitte dich darum, ich mache keine Ausflüchte mehr. Amen.“

Einige Tage später machte ich wieder einen ausgedehnten Spaziergang mit Lexa. Ich war von der Frühschicht gekommen und gleich losgegangen, weil es so früh dunkel wurde.

Der Boden war hart gefroren, aber es lag kein Schnee. In der Dämmerung ging ich zwischen hochgewachsenen Tannen hindurch, als sich plötzlich alles veränderte.

Ich befand mich immer noch zwischen hohen Bäumen, aber sie schienen auf einmal riesig zu sein. Über meinem Kopf befand sich eine gewaltige, fleischige Masse. Eine laute, drohende Stimme befahl etwas, was ich nicht verstand. Säuerlicher Biergeruch streifte mich. Etwas Weiches, Dickes drängte sich in meinen Mund, und dann begann die Welt zu wackeln. Die Bäume, der Fleischberg über meinem Kopf, ich selbst, alles bewegte sich ruckartig hin und her. Es war wie bei einem Erdbeben. Es tat weh, aber ich konnte nicht schreien, da war dieses schreckliche Zeug in meinem Mund, immer noch dick und weich.

Und plötzlich war alles weg. Es war wieder Januar und Lexa stand neben mir und schnüffelte am Boden herum. Ich packte die Leine fester. „Komm, Lexa."

Ich begann zu gehen, dann zu laufen, immer schneller. Ich musste raus aus diesem Wald, nach Hause, mich einschließen, verstecken, weg von allem, was menschlich war.

Dass ich nicht ausrutschte und mich verletzte, war ein kleines Wunder. Lexa trabte neben mir her.

Ich bekam nicht genug Luft, aber ich stolperte weiter. Bloß weg von hier …

Endlich erreichte ich das Haus, schloss mit zitternden Fingern die Tür auf und rannte die Treppe hoch. Noch die Wohnungstür auf, hinein und alles wieder zuschließen.

Ich fiel auf die Knie und blieb steif vor Entsetzen am Boden hocken. Immer noch rang ich verzweifelt nach Luft, aber erst jetzt merkte ich, dass ich Mund und Zähne fest zusammenpresste. Ich bekam nur durch die Nase Luft. Mein Kiefer schmerzte. Im Mund hatte ich den metallischen Geschmack von Blut, ich hatte mir in die Wange gebissen.

Lexa stand vor mir, stupste mich mit der Schnauze an und jaulte leise. Als ich nicht reagierte, sprang sie mit den Vorderpfoten auf meine Schultern. Das half. Um das Gleichgewicht zu halten, musste ich mich bewegen.

Beweg dich, kommandierte ich. Du bist nicht starr, nicht tot. Beweg dich. Mach die Zähne auseinander.

Aber meine Zähne bewegten sich nicht. Ich konnte Lexa wegschieben, ich kam auf die Beine, ich schaffte es ins Schlafzimmer zum Bett. Aber den Mund konnte ich nicht öffnen, die Verkrampfung war zu stark.

Mein Blick wanderte zum Wecker auf meinem Nachttisch, halb fünf. Alles um mich herum war wie früher, vertraut und still. Ich hockte auf der Bettkante und streichelte Lexa, die sich leise fiepend an mich drängte. Von ihrem warmen Fell ging so etwas wie Trost aus.

Sie ist ja auch kein Mensch, dachte ich. Menschen sind Monster. Nie wieder einen Menschen sehen müssen, nie mehr in den Spiegel sehen. Ich bin ja auch ein Monster. Nur einem Monster kann so etwas passieren, von einem anderen Monster.

Monster … Monster …

Irgendwann später konnte ich wieder aufstehen. Ich bekam meinen schmerzenden Mund auf und spülte das Blut heraus. Aber ich war sicher, dass ich nie wieder etwas essen oder trinken konnte. Allein bei dem Gedanken drehte sich mir der Magen um.

Zum Glück war Ruth nicht zu Hause. Ich hätte ihr nichts erklären, sie nicht einmal ansehen können. Ich legte ihr einen

Zettel auf den Küchentisch, auf dem stand, dass ich mich krank fühlte und schon schlafen gegangen sei. Ich holte Lexa in mein Schlafzimmer und legte mich angezogen ins Bett.

Dann lag ich in der Dunkelheit und starrte an die Decke. Das Entsetzen war verschwunden, alle Gefühle wie fortgewischt. Nur eins war mir klar: So etwas wie ich war kein Mensch und hatte unter Menschen nichts mehr zu suchen.

Ich hörte Ruth heimkommen und leise hantieren. Sie hatte sicher meinen Zettel gefunden und wollte mich nicht stören. Ich wusste, dass sie am nächsten Tag früh aufstehen musste, es war der „kurze Wechsel", den man in der Pflege von der Spät- zur Frühschicht hatte. Ich brauchte ihr also nicht zu begegnen.

Irgendwann schlief ich sogar ein.

Am Morgen erwachte ich davon, dass Ruth leise meinen Namen rief. Sie stand in meiner Schlafzimmertür und war vollständig angezogen.

„Anja, ich muss zur Arbeit. Wie geht es dir, brauchst du irgendetwas?"

„Nein … danke. Ich will noch etwas liegen bleiben. Ich bin wohl erkältet."

Meine Stimme hörte sich rau an, sodass sie die Lüge ohne Weiteres glaubte. „Vergiss nicht, dich krankzumelden. Und ruf mich auf der Station an, wenn ich dir noch was mitbringen soll. Tschüss, ich muss los."

Ich war froh, als sie weg war. Bei der Arbeit meldete ich mich für zwei Tage krank, dann kam das freie Wochenende. Und für zwei Tage brauchte ich kein ärztliches Attest.

Die Versuchung

Somit blieben mir vier Tage, um zu entscheiden – ja, was eigentlich?

Wie ich weitermachen wollte? Da gab es keine Wahl mehr. Mich durfte es nicht geben. Ich war ein Stück Dreck, das auf den Misthaufen gehörte.

Aber Lexa war noch da. Sie winselte, sie wollte nach draußen. Also zog ich den Mantel über und drehte mit ihr eine kurze Runde. Wieder zu Hause, fütterte ich sie und ging dann ins Wohnzimmer. Auch hier sah alles aus wie immer.

Sie werden weitermachen, dachte ich. Ruth und Eve und die anderen. Ich kann nicht hierbleiben, ohne mich sind sie besser dran. Sie sind kein Dreck, sie können leben.

Trotzdem könnte ich noch duschen, es kommt ja nicht auf eine halbe Stunde an.

Das heiße Wasser tat mir wohl, zumindest von außen konnte ich noch sauber werden. Ich hielt den Duschkopf vor meinen weit offenen Mund und ließ das heiße Wasser hinein- und an den Mundwinkeln wieder herauslaufen. Es war nur eine symbolische Geste, mein Mund würde nie mehr sauber sein.

Nach der Dusche zog ich meine wärmsten Sachen an, aber ich fror immer noch. Ich hatte Hunger und wunderte mich darüber. Also machte ich mir Frühstück und sagte laut: „Du brauchst Kraft für das, was du tun wirst. Es kommt ja nicht mehr darauf an …“

Lexa stellte die Ohren hoch und kam zu mir. Sie schmiegte

sich an mein Bein. „Mach es mir nicht so schwer, Lexa. Du musst hierbleiben."

Ich ging an das Schubfach mit der Spritze und den Ampullen und trug sie zum Küchentisch. Ich legte sie neben mein Frühstück und aß, ich war wirklich hungrig.

Dreck hatte auch Hunger. Und Gott hatte gelogen. Es gab kein Ende, das man ertragen konnte. Auch die Hölle war mir inzwischen egal. Dreck kam nicht in die Hölle, Dreck wurde beseitigt.

Irgendwo in meinem Kopf war ein Spruch, der da nicht hingehörte. Einer von denen, die ich früher geglaubt hatte.

„Rufe mich an in der Not …"

Ich werde nicht rufen, kommt gar nicht infrage.

„Ich will dich erretten …"

Ha! Blödsinn! Keiner will mich retten!

„Rufe mich an in der Not, so will ich dich erretten …"

„Na schön", schrie ich wütend. „Ich rufe dich! Und nun? Wie soll die Rettung denn aussehen?"

Da fing das Telefon an zu klingeln.

Ich saß ganz still. Ich wollte nicht aufstehen, aber das blöde Ding hörte nicht auf zu klingeln. Irgendwie erinnerte mich die Situation an früher. Gott hatte schon ein paar Mal in meinem Leben erst im letzten Moment eingegriffen, aber ich hatte diese Spielchen satt.

Ich blieb sitzen.

Endlich war Ruhe. Aber nein, da fing es schon wieder an. Ich lief hin und riss den Hörer hoch. „Ja!", brüllte ich hinein.

„Anja, bist du das?" Eves Stimme.

„Ja."

„Anja, ist alles in Ordnung? Ich mache mir Sorgen …“

Wieso das denn, dachte ich.

„Anja?“

„Alles ist in Ordnung. Gar nichts ist in Ordnung. Wieso rufst du an?“

Ihre Stimme, die so unsicher geklungen hatte, war auf einmal fest und bestimmt. „Weil gar nichts in Ordnung ist. Setz dich in dein Auto und komm her.“

Na, typisch, ging es mir durch den Kopf. Aber für wen? Für Gott oder für Eve?

Plötzlich hatte ich Sehnsucht nach meiner besten Freundin. Sehnsucht danach, dass mir jemand alles aus der Hand nahm und an meiner Stelle handelte.

„Ja“, flüsterte ich, „ich fahre gleich los.“

Ich stopfte die Spritze und die Ampullen zurück in die Schublade. Ich konnte sie ja am Nachmittag benutzen, Eve durfte nicht wissen, dass ich sie hatte.

Lexa sprang mit Begeisterung ins Auto. Sie fuhr gern mit mir weg. Lexa, die mich immer noch lieb hatte. Aber sie war ja auch kein Mensch.

Eine halbe Stunde später war ich da. Trotz der Kälte stand Eve in der Tür und winkte mir zu.

„Bin ich froh, dass du da bist!“ Sie fiel mir um den Hals, aber ich blieb stocksteif stehen.

Sie schob mich ein Stückchen weg und sah mich genauer an. „Komm erst mal rein.“

Als wir uns im Wohnzimmer gegenübersaßen, begann sie: „Anja, du kannst mich für verrückt halten, aber ich hatte vorhin das Gefühl, dass du mich dringend brauchst. Als du nicht gleich rangegangen bist …“

„Ja? Was war, als ich nicht gleich rangegangen bin?", fragte ich ruppig.

„Ich dachte, mein Anruf käme zu spät. Ich glaubte einen Moment – wir hätten dich verloren."

Verloren, verloren, verloren. Das letzte Wort war wie ein Echo. Wovon nur? Wieder einer von den Sprüchen, die mich nichts mehr angingen? „… nicht verloren gehen, sondern das ewige Leben haben."

„Anja?"

Ich hatte es doch nicht laut gesagt? Ich wollte etwas anderes sagen, aber die Worte purzelten einfach heraus. „Ich bin verloren …"

„Nein!" Ihre Stimme klang freundlich, aber sehr entschieden.

„Doch. Es ist ganz einfach. Verloren. Ein Stück Dreck, ein Monster." All die Worte, die seit gestern in meinem Kopf rumorten, platzten aus mir heraus. Ich hätte mich nicht einmal gewundert, wenn eine Kröte aus meinem Mund gesprungen wäre, wie in den Märchen der Brüder Grimm.

„Du bist nicht verloren. Du bist – du bist Gottes geliebtes Kind, auch wenn du das gerade nicht glauben kannst. Ich weiß es!"

„Gar nichts weißt du. Es ist öfter als einmal passiert. Einmal in der Hütte und mindestens einmal im Wald. Es war kein Ausrutscher, siehst du. Ich war kein normales Kind, auch wenn ich so ausgesehen habe. Er hat es gewusst, darum hat er es mit mir gemacht. Ich war ein Stück Dreck, zu dem einfach noch der Dreck von Keinath dazukam. Ich bin immer noch Dreck."

Sie schüttelte fassungslos den Kopf. Dann nahm sie meine Hände und hielt sie ganz fest. „Sieh mich an, Liebes. Es hat sich nichts geändert. Auch wenn du dich jetzt erinnert hast, bitte glaub mir: Du bist immer noch Gottes geliebtes Kind und meine Freundin!"

Ich gab keine Antwort. Sinnlos zu antworten. Aber sie ekelte sich nicht vor mir, wie ich es tat. Ihre Hände hielten meine immer noch, warm und liebevoll. Sie ließen nicht los.

Und ganz langsam spürte ich, wie meine eiskalten Finger wärmer wurden. Sonderbar und kaum zu glauben: nicht nur Lexa hatte mich lieb.

Nach einer Weile entspannte ich mich etwas. Sie ließ meine Hände los und brachte mir einen Kaffee. „Möchtest du es mir erzählen?", fragte sie.

Ich schüttelte den Kopf. „Besser nicht. Es ist ziemlich grausig."

„Wenn es dir zu wehtut, will ich dich nicht drängen. Aber vieles verliert seinen Schrecken, wenn man es ausspricht."

„Das hier nicht. Du würdest bloß Albträume kriegen."

„Das wäre ein geringer Preis dafür, dass es dir besser geht."

Ich sah sie überrascht an. „Das meinst du wirklich ernst, oder?"

Sie nickte. Also erzählte ich. Ohne Tränen, ohne Gefühle. Die waren mir inzwischen wohl abhandengekommen.

Aber ich war sicher, dass sie sich jetzt ekeln würde. Vor den beiden Monstern da, vor vielen Jahren im Wald.

Sie sagte nichts, als ich endlich fertig war. Aber sie setzte sich neben mich, nahm mich in den Arm und hielt mich ganz fest.

Ich überstand die nächsten Tage und ging dann wieder arbeiten. Bei Rolf holte ich mir keinen neuen Termin, und ich konnte es auch weder Ruth noch meiner Mutter sagen.

Aber ich holte die Spritze nicht wieder hervor, Gott war stärker gewesen. Wie war dieser Spruch? Ich suchte ihn heraus. Psalm 50,15: „Rufe mich an in der Not, so will ich dich erretten und du sollst mich preisen." Vom letzten Teil des Satzes war ich allerdings noch meilenweit entfernt.

Der letzte Stein im Eimer

Es vergingen wieder mehrere Wochen, in denen ich fast gleichgültig meinen täglichen Aufgaben nachging. Es gab auch keine Albträume mehr, so als müsste das Grauenhafte nicht mehr Versteck mit mir spielen.

Wenn ich zur Ruhe kam, kehrten die Bilder der Vergangenheit zurück und bildeten endlich vollständige Abläufe. In der Hütte, als er mich aus dem Schlaf geholt hatte. Im Wald zwischen den Bäumen. Ich hörte seine laute Stimme, die drohte, mich totzuschlagen, wenn ich es irgendjemandem erzählen sollte. Aber nie sah ich dabei sein Gesicht, nur die Fettmassen seines Körpers.

Ich erschrak auch nicht mehr davor, im Gegenteil. Es musste so sein, ich musste mich jeden Tag aufs Neue damit quälen, damit ich nie vergaß, dass ich Dreck war. Immer klarer wurde mir das. Dreck, Dreck.

Ich fuhr plötzlich anders Auto, ohne die Vorsicht, die früher selbstverständlich gewesen war. Ich schnallte mich nicht mehr an. Ich dachte: Der Ausweg mit der Spritze ist mir verwehrt. Ein Unfall wäre nicht schlecht; wenn Gott wirklich will, dass ich weiterlebe, muss er eben auf mich aufpassen. Außerdem kann mir sowieso nichts Schlimmeres mehr passieren als das, was schon war und was jeden Tag wiederkommt.

Meine Gedanken wurden zynisch und grausam und sie richteten sich ausschließlich gegen mich selbst. Gegen Gott wagte ich nicht zu opponieren, nicht einmal im Stillen. Gegen Keinath empfand ich auch keinen Hass, er war eben so gewesen.

Also machte ich mich selbst fertig. Immer neue Beschimpfungen fielen mir ein und ich war sicher, dass ich jede einzelne verdient hatte.

Dann kam mir das Buch des amerikanischen Psychologen wieder in den Sinn. Ich hatte es nicht zu Ende gelesen, sondern damals in einem Winkel meines Schranks verstaut, als ich die Seelsorge abgebrochen hatte.

Es konnte nicht schaden, wieder hineinzuschauen. Ich begann noch einmal von vorn. An die Beispiele erinnerte ich mich gut, und bei fast jedem stand etwas, was ich damals wohl nicht für wichtig gehalten hatte: Der Selbsthass, den die Opfer entwickelten, wurde erklärt. Das war interessant. Der Mann redete doch von Befreiung. Wie in aller Welt konnte man damit aufhören?

Ich blätterte weiter. Ein Bild, wie eine Kinderzeichnung, auf einer der nächsten Seiten. Die einzige Zeichnung in dem ganzen Buch. Ein Strichmännchen mit einem Eimer. Es holte Steine heraus und legte sie hin. Aber in dem Eimer waren immer noch Steine. Daneben war das Strichmännchen noch einmal, der Eimer war leer, der Steinhaufen sehr groß.

Ich las den Text. Er handelte davon, dass man erst jeden Stein (jede Verletzung, jeden Übergriff) in die Hand nehmen und anschauen (sich bewusst machen) muss. Der Eimer muss leer werden.

Das hatte Rolf die ganze Zeit gemeint. Gut, obwohl ich nicht besonders kooperativ gewesen war, mein Eimer war leer. Und dann?

Ich las: „Vergebung bedeutet nicht, so zu tun, als wäre nichts geschehen. Vergebung ist die volle Erkenntnis des Fehlverhaltens und die bewusste Entscheidung, die gerechte Strafe nicht zu vollziehen. Und Vergebung ist die Voraussetzung dafür, dass der Schmerz gelöst werden kann …" (Alfred Ells: Zurück zur Unschuld, Asslar 1992).

Das verstand ich nicht. Wieso Vergebung? Ich musste doch das Ganze lesen.

Da ging es zunächst darum, dass man sich selbst vergeben muss. Damit konnte ich wenig anfangen, ich war zu klein gewesen, ich musste mir kein Fehlverhalten verzeihen. Daran, dass ich schon als Kind ein Monster gewesen war, hatte ich ja schließlich keine Schuld. Gott oder der Teufel hatten mich so gemacht.

Dann ging es darum, dass man dem Täter vergeben muss. War der Mann noch bei Trost? So ein Schwachsinn!

Ich pfefferte das Buch wütend in die Ecke, rief nach Lexa und ging spazieren.

Unterwegs haderte ich zum ersten Mal seit Wochen nicht mit mir, sondern mit dem Verfasser dieses Buches. Wie konnte man so etwas Bescheuertes schreiben? Dabei hatte er vorher mit so viel Sachkenntnis und Einfühlungsvermögen die Situation der Opfer beschrieben. Ich meckerte den ganzen Weg vor mich hin. Es tat richtig gut, mal jemand anderen als mich selbst zu beschimpfen. Ich fühlte mich besser, ohne zu wissen warum.

Wieder zu Hause angekommen, hob ich das Buch auf, um es wieder in seinem Winkel zu verstauen. Es war aufgeblättert liegen geblieben, bei der Zeichnung mit den Strichmännchen. Die gefielen mir trotzdem. Was Rolf wohl dazu sagen würde, dass ich den Eimer endlich leer hatte? Er wusste es ja noch gar nicht.

Plötzlich schien es gar nicht mehr so unmöglich, mit ihm darüber zu reden. Ob er was Besseres wusste als dieser Amerikaner? Ich würde ihn fragen.

So saß ich nach mehr als zwei Monaten wieder einmal bei Rolf. Mit einiger Mühe schilderte ich ihm alles und zeigte ihm auch die Strichmännchen in dem Buch.

„Und das Gesicht?", fragte er.

„Darüber habe ich lange nachgedacht, und ich bin erst durch die Veränderung im Wald darauf gekommen, als die Bäume plötzlich so riesig wurden. Es hängt mit der Perspektive zusammen. Ich war so klein, dass ich von unten sein Gesicht gar nicht sehen *konnte*. Über mir war wie ein Gebirge dieser Bauch, mehr konnte ich nicht sehen."

Rolf nickte langsam. „Dann ist es also endlich vollständig. Was empfindest du jetzt?"

„Ich muss es akzeptieren. Ich bin einfach so … so … Was ist die Steigerung von wertlos, ohne ordinär zu werden?"

„Sag es mir."

„Ich kann nicht. Alles, was mir dazu einfällt, ist aus der Gosse. Der mildeste Ausdruck ist immer noch Monster."

„Und was empfindest du für den Täter, diesen Keinath?"

„Ich müsste ihn hassen, oder? Aber ich hasse nur mich selbst. Ich habe weiter in diesem Buch gelesen …"

Rolf hörte zu. „Da ist aber ein Widerspruch", meinte er schließlich. „Du hasst dich selbst, findest aber nichts, was du dir vergeben müsstest.

Und den Täter hasst du nicht? Allein der Gedanke, ihm zu vergeben, macht dich wütender als alles, was ich bisher von dir gehört habe."

Das stimmte. Logik war da nicht drin, wenn die Gefühle so verrückt spielten.

„Und was jetzt?", fragte ich kläglich.

„Für damals hast du dir wirklich nichts zu verzeihen. Du warst zweieinhalb und deine Eltern hielten diesen Mann für vertrauenswürdig. Wärst du älter gewesen und gegen das Verbot deiner Mutter mit einem Fremden gegangen – dann müsstest du dir diesen Ungehorsam auch selbst vergeben.

Aber auch dadurch würde ein Kind nie mitschuldig am Missbrauch. Das ist eine Lüge, die die Täter den Opfern gern einreden.

Aber es ist wahr, dass die Heilung nur durch Vergebung kommt. Darin ist eine göttliche Kraft, die dir Menschen nicht geben können. Auch du allein kannst es nicht schaffen, aber mit Gott ist es möglich."

„Wieso? Was habe ich davon? Es wäre doch nur für ihn gut, nicht für mich. Ich meine, wenn er nicht tot wäre. Würde er noch leben und ich ihm verzeihen, könnte er doch immer so weitermachen …"

„Und was macht er jetzt, obwohl er tot ist?"

„Er macht auch weiter, jeden Tag in meinen Gedanken. Er ist immer da!"

„Das ist es. Diese Macht, die seine Tat immer noch über dich hat, wird durch die Vergebung gebrochen. Das kann Gott."

Ich schüttelte störrisch den Kopf. „Das geht nicht. Das ist falsch. Das ist wie ein Freibrief für ihn!"

„Nein. Es ist deine Entscheidung, die Strafe, die er verdient hat, nicht durchzuführen. Und daraus wird *deine* Freiheit kommen."

„Rolf, das ist genauso unlogisch!"

„Es ist Gottes Logik. Sie ist mehr als unsere …"

Dagegen war schlecht zu argumentieren. Das war wie „Gottes Wege sind unerforschlich". Ich dachte an Hiob, der mit Gott gestritten und zum Schluss keine Antwort mehr gehabt hatte. Demnach hatte ich auch keine.

Schlimm war nur, was ich da tun sollte. Eine absolute Zumutung.

„Das kann ich nicht und das will ich auch nicht! Das kann keiner von mir verlangen. Und wenn ich was anderes sage, wäre es gelogen!" So, das war ein Argument. Immerhin war es hier die ganze Zeit um die Wahrheit gegangen. Eine lügnerische „Vergebung" war schlimmer als keine.

Rolf widersprach mir nicht. Er versuchte es anders. „Kannst du denn jetzt sagen, was Keinath dir angetan hat?"

„Er hat mich ermordet. Nicht meinen Körper, unglücklicherweise. Aber er hat meine Seele ermordet, auch wenn sich das blöd anhört. Er hat sie zerstört.

Tausendmal habe ich mir im letzten Jahr gewünscht, Herta hätte mich liegen lassen. Oder sie hätte es nicht geschafft, dass ich wieder anfange zu atmen. Ich glaube, allen Missbrauchsopfern ginge es besser, wenn sie daran sterben würden. Das Weiterleben mit all dem Kaputten und dem Dreck innen drin ist viel schlimmer.

Die Männer, die die Kinder hinterher umbringen, werden gejagt und verurteilt. Aber ich bin davon überzeugt, dass sie barmherziger sind als die, die ihr Opfer am Leben lassen und weitermachen …"

„Und hasst du ihn nicht dafür?"

„Doch", flüsterte ich. „Aber das kann nicht raus. Das ist in mir drin und muss immer da bleiben."

„Es ist der letzte Stein in deinem Eimer."

Ich machte den Mund auf, um zu widersprechen, aber ich musste zugeben, dass er recht hatte. Der Zorn, der sich gegen mich selbst richtete, wagte sich nicht an Keinath heran. Die Angst vor ihm war stärker, ich war immer noch an ihn gebunden.

„Was ist mit seiner Frau?"

„Ach, das habe ich dir noch gar nicht erzählt. Meine Mutter hat mir inzwischen gesagt, wieso der Kontakt zu den beiden abbrach. Sie weiß den Zeitpunkt nicht mehr, aber es hieß plötzlich, Herta sei herzkrank. Sie könne keine kleinen Kinder um sich haben, das rege sie zu sehr auf.

Da gab es keine Treffen mehr, obwohl mein Vater versuchte, wenigstens telefonisch in Verbindung zu bleiben.

Ungefähr ein Jahr später beschuldigte Keinath meinen Vater, in der Kirchengemeinde Geld unterschlagen zu haben. Sie waren ja beide im Vorstand.

Meine Eltern waren völlig überrascht. Es sprach sich herum wie ein Lauffeuer, es muss schrecklich gewesen sein. Aber schließlich konnte mein Vater seine Unschuld beweisen. Keinath stand plötzlich als Verleumder da. Er musste sich öffentlich entschuldigen und hat uns dafür noch mehr gehasst. Danach gab es nicht mal mehr Grüße zum Geburtstag oder zu Neujahr. Mein Vater hat das nie verwunden.

Jetzt sieht es natürlich so aus, als hätte Herta die Herzkrankheit vorgetäuscht, um zu verhindern, dass so was wie im Odenwald noch mal passiert."

„Oder sie wurde wirklich krank durch dieses Wissen."

„Sie war feige. Hätte sie die Wahrheit gesagt, wäre er vor Gericht gekommen. Man hätte ihn daran gehindert, noch mal ein Kind zu missbrauchen. So werde ich mich immer fragen, ob es noch andere wie mich gab. In seiner Nachbarschaft zum Beispiel.

Aber ihr war ihr bequemes Leben, ihr Geld und ihre Stellung ja wichtiger! Es wäre eine Schande gewesen, er hätte seine Kunden verloren und alle hätten mit Fingern auf sie gezeigt! Das konnte sie natürlich nicht riskieren, da wurde sie eben herzkrank.

Es ist mir sowieso unbegreiflich, wie sie weiter mit ihm zusammenleben konnte. Warum hat sie sich nicht scheiden lassen? An einem Tisch essen, im gleichen Bett schlafen – mit *ihm* schlafen!" Die Vorstellung schüttelte mich. „Meine Mutter sagt, damals in den Sechzigerjahren hätte sie durch eine Scheidung alles verloren. Sie hatte keine Ausbildung.

Trotzdem verstehe ich es nicht."

„Was empfindest du ihr gegenüber?"

„Wut. Und ich verachte sie, aber hauptsächlich bin ich wütend. Sie hätte mir die ganze Zeit helfen können! Und bis zum Schluss hat sie nicht zugelassen, dass etwas herauskommt. Nicht einmal als ich erwachsen war und sie noch mal besucht habe."

„Du hast sie noch mal wiedergesehen? Wann war das?"

„Ein halbes Jahr vor ihrem Tod. Das kam so: Als Keinath starb, ging es meinem Vater schon sehr schlecht. Keiner von uns war bei der Beerdigung, und er war immerhin früher mal sein bester Freund gewesen. Wir schickten einen Brief und einen Kranz. Als mein Vater dann zwei Jahre später starb, schickte Herta auch ein kurzes Beileidschreiben.

Um die Zeit war ich mit dem Verkauf unseres Hauses in Bochum beschäftigt, denn solange mein Vater lebte, war es nur vermietet. Und da hatte meine Mutter die Idee, ich sollte sie doch kurz besuchen, wenn ich ins Ruhrgebiet fuhr. Sie meinte, Herta sei alt und wir sollten wenigstens einen Versöhnungsversuch machen.

Also bin ich mit einem Blumenstrauß zu ihr gefahren. Ich hatte mich angemeldet und gefragt, ob sie ein wenig Zeit für mich hätte. Sie war am Telefon schon so komisch, als wüsste sie nicht, wer da anruft. Ich musste ihr drei Mal erklären, wer ich bin. Ich dachte, sie ist vielleicht schon etwas durcheinander.

Aber als ich hinkam, merkte ich, dass sie ganz klar im Kopf war. Sie wollte bloß nicht mit mir reden. Ihre Nachbarin war bei ihr und sie sagte, Gespräche würden sie anstrengen. Die Frau hat sich mit mir unterhalten und Herta saß nur dabei. Da bin ich bald wieder gegangen, und sie war richtig erleichtert. Damals dachte ich, es wäre immer noch wegen der Geschichte mit der angeblichen Unterschlagung.

Jetzt weiß ich: Sie hatte Angst, dass ich sie zur Rede stellte. Sie konnte ja nicht wissen, dass ich mich nicht daran erinnerte.

Es sind immer mehr Dinge, die dazu passen, wenn man die Ursache kennt. Jetzt ist alles so klar – und mein ahnungsloser Vater hat jahrelang gerätselt, warum sein Freund sich so verändert hatte."

Rolf nickte. Es mochten noch Kleinigkeiten sein, die später in Gesprächen oder spontan wieder erinnert werden konnten, aber das Eigentliche war wirklich klar.

Nach einer Weile meinte ich: „Das mit der Vergebung geht mir nicht ein. Aber ich werde dieses Buch ganz lesen, auch wenn es mir noch so gegen den Strich geht. Wenn sich was ändert, melde ich mich wieder."

„Versuch nicht, die Vergebung zu fühlen. Die Gefühle kommen später hinterher. Du musst dich dazu entschließen, dann kann Gott das Weitere tun."

„Aber Keinath ist tot. Wie könnte es real werden, wenn ich es wirklich tue?"

„Du könntest einen Brief schreiben."

„Und wohin schicken? In die Hölle?" Wie schrill meine Stimme klang! „Ich wünschte, er wäre in der Hölle!"

Entsetzt schlug ich mir die Hand vor den Mund. Hatte ich das wirklich gesagt?

Rolf fing an zu lachen: „Na, Gott sei Dank, dass *das* endlich draußen ist!“

Ich starrte ihn fassungslos an. „Du kannst doch nicht ernsthaft …“

„Doch. *Gott sei Dank*, das meine ich wörtlich. Das war der letzte Stein aus deinem Eimer und jetzt ist er endlich draußen. Darauf warte ich schon seit Monaten!“

Der Brief

Wenn eines bei dem letzten Gespräch mit Rolf deutlich geworden war, dann die Tatsache, dass ich meinen Gefühlen wirklich nicht trauen konnte. Ob und wen ich hasste oder bedauerte, konnte ich nicht mehr auseinanderhalten.

Also brauchte ich einen Leitfaden, um durch das Gewirr zu finden, das Erinnerungen und Empfindungen in meiner Seele bildeten. Da kam mir das Buch des amerikanischen Psychologen gerade recht, denn es war gut gegliedert, auch wenn mir nicht alles gefiel, was drinstand. Ich las es etliche Male: Da war auch der Hinweis, einen Brief zu schreiben, wenn der Täter verstorben war. Offenbar kam es gar nicht selten vor, dass ein Missbrauchsopfer sich erst Jahrzehnte später damit auseinandersetzen konnte.

Ich wollte diesen Brief nicht schreiben. Aber so lange ich mich dagegen wehrte, blieb alles beim Alten. Ich plagte mich mit der Erinnerung, wurde immer unruhiger und nervöser, und Ruth hatte darunter zu leiden. Denn im Gegensatz zu den Monaten vorher, als ich in mich gekehrt, hilflos und oft auf sie angewiesen war, wurde ich jetzt widerspenstig. Egal ob es ums Essen, ums Putzen oder um den Urlaub ging, ich widersprach, wollte meine eigenen Ideen durchsetzen und fing regelmäßig Streit an. Aber Ruth war eine starke Persönlichkeit und gab nicht ohne Weiteres nach. So hatte sie sich unser Zusammenleben nicht vorgestellt.

Es schien, als sei mit dem Ausspruch „Ich wünschte, er wäre in der Hölle“ meine Wut, die sich monatelang nach innen, gegen mich selbst, gewandt hatte, plötzlich gegen Menschen in meiner Umgebung gerichtet. Gegen Ruth, gegen Peter Müller, gegen jeden, der mir in die Quere kam. Aber das meiste bekam Ruth ab. Unser Umgangston wurde immer eisiger, unser Zusammenleben problematischer.

Der Brief, den ich immer noch nicht geschrieben hatte, ließ mir keine Ruhe. Ich hatte das Buch zu Ende gelesen. Alle Beispiele endeten damit, dass Opfer neu beginnen und Frieden finden konnten, wenn … ja, wenn sie Vergebung aussprachen.

Sie wurden dadurch nicht automatisch frei, sondern jedes Mal, wenn die Vorwürfe in Gedanken wiederkehrten, mussten sie sich erinnern. Nein, es ist vergeben. Es ist vorbei, es hat keine Macht mehr. Das Gefühl der Befreiung kam manchmal gleich, oft erst später.

Aber ohne den Entschluss zur Vergebung tat sich gar nichts, im Gegenteil: Die Selbstzerfleischung durch Hass und Selbsthass wurde im Lauf der Zeit immer schlimmer.

Das wollte ich natürlich auch nicht. Und so entschloss ich mich eines Morgens während des Gottesdienstes, den Brief zu schreiben. In der Predigt ging es darum, Gott auf die Probe zu stellen, seine Verheißungen ernst zu nehmen und auf die Erfüllung seiner Versprechen zu vertrauen.

Daheim in der Küche richtete ich mir zuerst mein Mittagessen her. Ich stand vor der Spüle und putzte Gemüse, als Lexa mir zwischen die Füße geriet. Ich stolperte und stieß gegen ein paar Flaschen, die Ruth dort hingestellt hatte. Sie fielen um und eine zerbrach auf dem Fliesenboden. Es war ausgerechnet eine Bierflasche, die Ruth für sich gekauft hatte. Sie hatte zwar nie in meiner Gegenwart eine der Flaschen geöffnet, um mir den Ekel zu ersparen, aber sie trank hin und wieder Bier zum Essen.

Jetzt lief es über den Boden, und von dem Geruch wurde mir schlecht. Ich zerrte Lexa aus der Küche, damit sie sich nicht an den Scherben die Pfoten zerschnitt, schlug die Tür zu, rannte zur Toilette und übergab mich.

Als das Würgen endlich aufhörte, hockte ich mich zitternd neben Lexa auf den Boden. Sollte dieses Elend denn nie zu Ende sein? Lexa kletterte auf meinen Schoß und machte es sich dort gemütlich, während ich vor mich hin starrte. Ihr Kopf lag auf meiner Hand, ihr Fell war warm, und sie seufzte zufrieden.

„Ein Hund müsste man sein", murmelte ich. Aber ich war kein Hund, ich musste wieder aufstehen, in die Küche zurück und diese ekelhafte Pfütze aufwischen. So rappelte ich mich mühsam auf, sperrte Lexa ins Wohnzimmer und riss im Flur die Fenster auf. Mit angehaltenem Atem lief ich in die Küche und öffnete auch dort das Fenster. Der Durchzug milderte den Geruch und ich machte mich an die unangenehme Arbeit. Die Scherben brachte ich sofort in die Mülltonne, damit ja keine Spur des Geruchs in der Wohnung zurückblieb, nicht mal im Mülleimer.

Der Appetit war mir gründlich vergangen und ich räumte meine Tomaten zurück in den Kühlschrank. Dann musste ich den Brief eben mit leerem Magen schreiben.

Ich begann:

„An Harald Keinath, in der Hölle." Es war ein Genuss, das hinzuschreiben – und gleichzeitig beschämend. Die Worte auf dem Papier gefielen mir aber überhaupt nicht, ich strich sie wieder durch.

Wie sollte ich ihn anreden? „Lieber Onkel Harald"? Das war ja absurd! Schließlich begann ich noch einmal von vorn:

„Harald Keinath,

du warst einmal der beste Freund meines Vaters. Du warst einmal ein anderer Mann, du hast ihm geholfen, die Gefangenschaft in Russland zu überstehen. Ich habe dich nicht gekannt, als du ein gütiger, hilfsbereiter Mensch warst, aber es ist einmal so gewesen, mein Vater hat es mir erzählt.

Für mich warst du mein Mörder. Hättest du meinen Körper getötet, wäre ich jetzt im Himmel und hätte keine Angst mehr. Aber du hast meine Seele zerstört und mir so schreckliche Schmerzen, Scham und solches Entsetzen zugefügt, dass ich damit nicht leben kann. Du hast mich dazu verdammt zu existieren, denn *Leben* kann man das nicht nennen.

Dafür hast du die härteste Strafe verdient, die es gibt, und die ist die Hölle. So wie ich in der Hölle bin, jeden Tag in meiner Erinnerung. Ich habe sie nicht verdient, aber du. Hast du je daran gedacht, was ich durch dich leiden muss? Hat es dir etwas ausgemacht? Oder hat es dir deshalb noch mehr Spaß gemacht?

Das werde ich wohl nie wissen."

Ich hielt inne. Meine Hand hielt den Stift so fest gepackt, dass es schmerzte. Sie schien nicht weiterschreiben zu wollen, aber ich wollte es auf einmal. Es musste zu Ende kommen.

„Ich entschließe mich, dir die Strafe, die du verdient hast, zu erlassen. Ich nehme das Urteil zurück, ich verzichte auf die gerechte Strafe.

Auch wenn ich nicht dein Richter bin, sondern Gott. Er sieht, was ich hier schreibe, und er weiß, ich meine es ernst. Vielleicht hat es Einfluss auf sein Urteil über dich, aber so wahr ich an Gott glaube: Ich verzichte auf deine Bestrafung und vergebe dir.

Anja."

Meine Hand mit dem Stift zitterte. Mühsam legte ich ihn weg, las das Geschriebene noch einmal durch und legte es dann in meine Bibel.

Ich war todmüde.

Ich ging zu Bett und schlief tief und traumlos, bis Lexa ungeduldig an der Schlafzimmertür kratzte. Sie musste nach draußen. Ich schaute auf meinen Wecker. Zehn Uhr abends, es war schon dunkel.

Ich brachte Lexa nach draußen und machte mir anschließend etwas zu essen. Dann fiel ich wieder ins Bett und schlief weiter.

Der Traum von der Treppe

Ein seltsamer Traum blieb mir aus jener Nacht in Erinnerung:

Ich stand unten an einer Treppe, ich war wieder ganz klein. Oben an der Treppe stand Keinath, riesig, fett-fleischig, monströs und Angst einflößend. Wenn er herunterkam, würde alles wieder von vorn anfangen.

Mühsam setzte ich einen Fuß auf die erste Stufe, für mich Kleinkind war sie sehr hoch. Aber ich kam hinauf. Noch eine Stufe. Noch eine. Ich sah wieder nach oben. Mit jeder Stufe, die ich nahm, wurde er da oben kleiner. Oder wurde ich größer? Ich ging jetzt wie eine Erwachsene ganz normal die Treppe hinauf. Er wurde immer noch kleiner, er schien zu schrumpfen und gleichzeitig zu altern.

Dann war ich oben. Vor mir stand ein alter Mann, einen Kopf kleiner als ich, faltig und krumm. Ein kleiner, dicker, alter Mann, jämmerlich anzuschauen.

Damit verschwand das Traumbild.

Als ich an diesem Morgen aufwachte, fühlte ich mich zum ersten Mal seit langer Zeit leichter. Ich atmete ganz tief und genoss die Luft in meinen Lungen. Draußen sangen die Vögel, ich hatte es noch nie so intensiv gehört. Und Lexa kam, mich zu begrüßen. War ihr Fell schon immer so weich gewesen?

Beim Frühstück spürte ich den Geschmack des Kaffees, es war, als hätte ich ihn noch nie mit solchem Genuss getrunken.

War wirklich alles überstanden? Nein, das war es nicht. Die Erinnerung kehrte noch oft zurück und packte mich mit ihrem eisernen Griff. Aber immer häufiger schaffte ich es schon nach kurzer Zeit, mich ihr zu widersetzen. „Nein! Es ist vorbei! Er ist nicht mehr da, er ist gestorben als ein alter, kleiner Mann. Gott hat mich von ihm befreit!"

Noch für eine lange Zeit waren solche Worte nötig, aber nie vergaß ich, wie er ausgesehen hatte, als ich ihm oben an der Treppe entgegentrat.

Bei der nächsten Gelegenheit erzählte ich Eve davon. Sie strahlte übers ganze Gesicht. Meine Freundin war felsenfest davon überzeugt, dass jetzt alles gut werden würde.

Das Ende aller Märchen fiel mir ein: „Und sie lebten glücklich bis an ihr seliges Ende." War das wirklich möglich?

Nein, leider nicht. Ich hatte nicht nur selbst gelitten, ich hatte in den letzten Monaten auch andere verletzt.

Bei der Arbeit fühlte ich die Ablehnung meiner Kollegen. Peter Müller hatte viel Boden gewonnen, ich war eine Außenseiterin in unserem Team geworden. Auch wenn ich es nicht gemerkt hatte – meine Kollegen hatten sehr wohl registriert, dass ich meine Arbeit wie im Traum tat, viel vergaß und jeden anschnauzte, der mich darauf aufmerksam machte. Ich hatte viel kaputt gemacht, was wohl nicht mehr zu reparieren war.

Jetzt gab ich mir Mühe, wieder Anschluss an die anderen zu finden, aber auch das war schwierig, denn ich war einfach nicht mehr dieselbe Frau wie vor anderthalb Jahren. Ihre Witze erschienen mir nicht mehr komisch, ich war empfindlich für alle Arten von sexuellen Anspielungen geworden. Und die waren nicht selten. Warum hatte ich das früher nicht gemerkt? Oder hatte ich es gemerkt und mitgelacht, damit die Kollegen mich nicht für prüde und naiv hielten?

Aber meine Konzentration verbesserte sich langsam, und nach ein paar Monaten galt ich zwar nach wie vor als Spaßbremse, aber immerhin wieder als zuverlässige Kollegin.

Mit Ruth war es noch schwieriger. Sie hatte sich um mich gekümmert, als ich sie brauchte, und ich hatte mich irgendwann gegen sie gewandt. Ich hatte sie von Teilen der Entwicklung ausgeschlossen, sie gekränkt und ihrer Ansicht nach ausgenutzt. Auch wenn ich ihr jetzt wieder erzählte, wie weit ich inzwischen gekommen war, änderte das nichts.

Sie hatte inzwischen neue Freunde in Frankfurt gefunden, darunter einen Mann, der ihr viel bedeutete. Also eröffnete sie mir, dass sie sich dort in einem großen Krankenhaus beworben und eine Zusage erhalten hatte. Sie wollte die Wohngemeinschaft auflösen, ich bräuchte sie ja jetzt nicht mehr.

Insgeheim war ich erleichtert. Ruth und ich waren sehr verschieden in unseren Ansichten, ihre Strenge lehnte ich immer mehr ab. Ich wusste, dass sie mich für undankbar hielt, aber ich war nach wie vor so sehr mit mir selbst beschäftigt, dass es mir wenig ausmachte.

Wir kündigten den Mietvertrag für unsere Dreizimmerwohnung, sie zog zuerst aus. Wir haben uns nie wieder gesehen.

Verbranntes Land

Wieder waren Monate vergangen. Ich hatte neue Routinen entwickelt. Dazu gehörte auch, dass ich immer öfter den Gottesdienst der Baptistengemeinde in der Nachbarstadt besuchte. Die Gemeinde war größer und bestand noch nicht so lange. Dort war ich eine von mehreren Neuen, und in meinem Alter gab es nicht nur Paare mit Kindern, sondern auch andere Singles. Niemand fragte mich, warum ich allein lebte. Die Gemeinde schien mir moderner, ich durfte bald verantwortlich mitarbeiten und freute mich darüber.

Ich fand einen Hauskreis, eine kleine Gruppe, die sich auch während der Woche zum gemeinsamen Gebet und zum Bibellesen in den Wohnungen traf. So etwas war mir bisher unbekannt gewesen und dadurch bekam ich auch neue Freunde. In meine alte Gemeinde, in der Rolf Wieland Pastor war, ging ich kaum noch. Einmal wurde ich von einer älteren Frau darauf angesprochen: „Dich sieht man ja gar nicht mehr, du kommst wohl nur noch, wenn du Kinderstunde hältst!"

Da wusste ich, dass es Zeit für eine Veränderung war. Ich ging noch einmal zu Rolf, um ein letztes Gespräch mit ihm zu führen.

„Ich ziehe nach Neustadt, dort habe ich eine hübsche kleine Wohnung gefunden. Das ist näher bei meinem Arbeitsplatz. Ruth ist fort und der Vertrag für die alte Wohnung ist Ende des Monats abgelaufen. Sie wäre für mich allein auch zu groß gewesen.

Jetzt will ich es mal allein probieren, ich glaube, es wird mir guttun."

Rolf nickte. „Und wie geht es dir jetzt?"

„Unterschiedlich. Ich habe weniger Albträume, aber ich bin oft schrecklich traurig. Es ist keine Ruhe nach dem Sturm, wie man sich das so vorstellt, wenn die Wolken sich verziehen und die Sonne scheint wie vorher.

Ich bin wieder gern mit netten Leuten zusammen, aber ich werde nie mehr sein wie sie. In mir drin ist alles tot, alles schwarz, es ist nur verbranntes Land übrig geblieben. Ich dachte, ich könnte wieder richtig Freude am Leben haben, aber das war wohl eine vergebliche Hoffnung.

Aber ich will mich nicht beschweren. Ich habe es immerhin überlebt, auch wenn ich nach wie vor nicht weiß, wozu das gut war."

Rolf versuchte nicht, mich zu trösten, und das rechnete ich ihm hoch an. All die Zeit, die wir miteinander um die Wahrheit gerungen hatten, hatte er mich nie mit billigem Trost oder leeren Floskeln abgespeist. „Du brauchst mehr Zeit", meinte er nur.

„Vielleicht. Aber eins möchte ich dir noch erzählen. Erinnerst du dich, wie ich dich einmal gefragt habe, wo Gott war, als es passiert ist? Und ob er weggegangen ist, weil er so was Ekelhaftes nicht sehen wollte?"

„Ja, ich weiß es noch genau. Ich bin immer noch überzeugt, dass du eine Antwort finden wirst."

„Ich wusste es plötzlich, vor ein paar Tagen war es mir auf einmal klar. Er stand daneben und weinte."

Rolf sah mich fragend an.

„Er ist nicht weggegangen, aber er konnte es auch nicht verhindern. Er hat den Menschen ihren freien Willen gelassen und dazu gehört auch, dass er nicht immer eingreifen kann, wenn sie anderen schreckliche Dinge antun.

Aber er sieht die Opfer, egal, ob es sich um Missbrauch oder Folter oder Gaskammern handelt. Er bleibt dabei bis zum Schluss. Und er weint darüber …“

Jetzt liefen mir die Tränen über das Gesicht. Ich weinte um die verlorenen Jahre und die verpassten Gelegenheiten. Ich weinte um mich und die vielen anderen Opfer von Gewalttaten, die so wie ich verzweifelt versuchten, ihr Leben zu erhalten, ohne zu wissen warum.

Nach einer Weile meinte Rolf: „Er hat sich aber nicht geschlagen gegeben.“

„Ich weiß. Jesus hat auch dafür am Kreuz gehangen.“

„Ja, das habe ich aber jetzt nicht gemeint. Ich glaube, er wird etwas machen aus deinem verbrannten Leben, etwas Gutes.“

Ich zuckte die Achseln. „Meine Mutter sagt, was passiert ist, würde mich stärker machen. Aber das stimmt nicht, ich bin mir noch nie so schutzlos vorgekommen. Wenn es Lexa nicht gäbe …“

„Es gibt einen Spruch in der Bibel und den möchte ich jetzt mal prophetisch über deinem Leben aussprechen.“

Er nahm seine Bibel vom Tisch und blätterte darin. „Hier steht es, in Joel 2, Vers 25: Der Herr wird die Jahre erstatten, deren Ertrag die Heuschrecken, die Grashüpfer, die Raupen und Käfer gefressen haben, dieses große Heer.“

„Das hört sich schön an“, meinte ich mit wehmütigem Lächeln.

Rolf machte keinen Versuch, mich zu überzeugen.

„Da ist noch etwas, Rolf. Ich möchte mich der Gemeinde in Neustadt anschließen. Da fühle ich mich wohl, ich habe den Hauskreis und außerdem ein paar Freunde …“

„Das ist ein guter Entschluss. Du brauchst einen Neuanfang.“

„Du bist nicht sauer, weil ich weggehe, jetzt, wo ich dich nicht mehr brauche?“

Er schüttelte den Kopf. „Wir sind ein Stück Weg gemeinsam gegangen und jetzt kannst du wieder allein vorwärtskommen.“

Wir standen gleichzeitig auf. Ich gab ihm die Hand zum Abschied, mehr war nach wie vor nicht drin. Er war ein Mann und die Nähe eines Mannes war immer noch unerträglich.

Rolf lächelte und nickte. „Leb wohl, Anja. Sollte noch irgendetwas sein, ich bin ja hier. Aber ich glaube, du wirst mich nicht mehr brauchen.“

Er behielt recht. Ich benötigte noch hin und wieder ein seelsorgerliches Gespräch in den nächsten Jahren, aber ich fand andere Christen, die mir halfen. Unsere gemeinsame Zeit war zu Ende.

Neue Erfahrungen

Freunde aus meiner neuen Gemeinde halfen mir beim Umzug. Ich genoss den Tag, der meinen Neuanfang symbolisierte. Zum ersten Mal im Leben hatte ich eine Wohnung für mich allein.

Aber bald nach dem Umzug geschah ein Unglück: Lexa bekam eine Magendrehung, eine Krankheit, die bei deutschen Schäferhunden nicht selten ist. Sie starb daran.

Sie fehlte mir schrecklich, aber ich wollte keinen neuen Hund mehr. Ein junger Hund, der sich erst eingewöhnen musste, während ich stundenlang bei der Arbeit war? Das wäre Tierquälerei gewesen.

Nun war ich wirklich allein in meiner hübschen Wohnung. Ich lernte allein spazieren zu gehen und verlor allmählich meine Furcht vor der Dunkelheit. Als ich zum ersten Mal im Dunkeln allein zu Fuß in die Gemeinde zu einer Abendveranstaltung ging, fühlte ich mich wie eine Heldin. Ich stand auf eigenen Füßen und staunte darüber, dass ich nicht nur stehen konnte, sondern auch Fortschritte machte.

Nur mit Männern ging gar nichts. In meiner Vorstellung bedeutete Nähe und Intimität immer noch, einem Mann die Macht zu geben, mir wehzutun.

Einige Zeit später zog ein Mann in die kleine Wohnung im Nachbarhaus. Er sprach mich auf der Straße an, stellte sich als Fred vor und lud mich zum Essen zum Italiener ein. Ich wollte schon ablehnen, als ich dachte: „Du könntest wenigstens mal versuchen, einen ganz normalen Kontakt zu knüpfen. Sei nicht so verklemmt, er wird schon nicht über dich herfallen, er tut dir nichts!“

Also sagte ich mit zitterndem Herzen zu.

Der Abend wurde eine harte Probe und ich bestand sie nicht, wie ich herausfand. Fred war zu meinem Glück ein gesprächiger Mensch, er erzählte, dass er sich von seiner Frau getrennt habe und deshalb umgezogen sei. Auch beruflich wolle er sich verändern.

Während er von sich erzählte, kämpfte ich gegen meine Panik an. Ich stocherte auf meinem Teller herum, um ihn nicht ansehen zu müssen. Und während der ganzen Zeit wünschte ich mir, aufspringen und weglaufen zu können, aber ich war wie gelähmt.

Als Fred dann mit seiner Geschichte fertig war und etwas über mich wissen wollte, berichtete ich nur in dürren Worten von meinem Wohnungswechsel und den Freunden aus der Gemeinde.

Das interessierte ihn. Eine Freikirche hatte er bis dahin noch nicht kennengelernt, und ich erzählte vom Glauben an Jesus, was er im Alltag bedeutete und von der freiwilligen Mitgliedschaft in der Gemeinde.

So brachten wir das Essen einigermaßen herum und danach erklärte ich, dass mein Tag anstrengend gewesen war. Wir gingen zurück, ich verabschiedete mich kurz und frostig und war heilfroh, als sich die Wohnungstür hinter mir geschlossen hatte.

Endlich in Sicherheit! So was würde ich so bald nicht wieder machen, und es bestand auch keine Gefahr, dass Fred mich wieder einlud. Er hielt mich bestimmt für eine arrogante Ziege.

Unzufrieden mit mir selbst ging ich ins Bett, und in den nächsten Wochen hörte und sah ich nichts von meinem neuen Nachbarn.

Dann, als ich eines Nachmittags von der Frühschicht nach Hause kam, wartete er auf der Straße auf mich.

„Gut, dass du da bist! Ich habe es schon vorgestern bei dir versucht, aber du warst wohl übers Wochenende nicht zu Hause."

Ich grüßte höflich und mit aller Vorsicht und sah ihn abwartend an.

Etwas verlegen meinte er: „Entschuldige, dass ich mich die ganze Zeit nicht gemeldet habe, ich war für zwei Wochen bei einem Freund im Sauerland. Aber es ist was passiert und ich muss ganz dringend mit jemandem reden, der Christ ist."

Das machte mich für einen Moment sprachlos. Da hatte ich mir einen Abend lang mit einem Mann ein Gespräch abgequält und war überzeugt, dass ich mich restlos blamiert hatte. Und jetzt stand dieser Mann vor meiner Tür und hatte als Einziges behalten, dass Jesus für mich wichtig war. Er musste mit jemandem reden, der Christ war, und kam ausgerechnet zu mir! Was blieb mir anderes übrig, als ihn hereinzubitten? Einen Menschen, der über Jesus reden will, kann man nicht wegschicken.

Ich führte ihn ins Wohnzimmer und holte etwas zu trinken. Er schob das Glas ungeduldig zur Seite, sein Anliegen schien wirklich dringend zu sein.

„Ich habe angefangen, in der Bibel zu lesen." Er hielt eine nagelneue Bibel in die Höhe. „Aber ich komme damit nicht klar und du kennst dich doch bestimmt aus.

Also: Darf ich, wenn ich geschieden bin, keine Frau mehr kirchlich heiraten, zumindest keine Katholikin?"

„Die katholische Kirche erlaubt keine kirchliche Trauung für Geschiedene, die zum zweiten Mal heiraten", antwortete ich vorsichtig.

„Ist das denn richtig? Verbietet ihr das auch?“

„Es kommt auf die Umstände an. Vielleicht kannst du mir konkreter sagen, worum es dir geht?“

Er begann zu erzählen. Er hatte eine junge Arzthelferin kennengelernt und sich in sie verliebt. Bettina erwiderte seine Gefühle und alles war wunderbar.

Das Erste, was ich bei seiner enthusiastischen Schilderung empfand, war Erleichterung. Wenn ein Mann bis über beide Ohren in eine andere verliebt war, bestand keine Gefahr für mich. Also konnte ich ehrlich und ohne Angst versuchen, Freds Fragen zu beantworten.

Bettina war Katholikin, und ihr Glaube bedeutete ihr viel. Natürlich wollte Fred nicht gleich heiraten, zumal ja seine Scheidung gerade erst beantragt war. Aber er wollte nicht allein bleiben, er wollte auch kein kurzfristiges Verhältnis, er wollte wieder eine Familie.

Und damit fingen die Schwierigkeiten an. Bettina hatte sich immer eine kirchliche Hochzeit gewünscht und das war jetzt unmöglich, weil Fred geschieden wurde. Er wollte Näheres darüber wissen und hatte in der Bibel nachgelesen, um ihre Argumente zu entkräften.

Aber die verschiedenen Stellen leuchteten ihm nicht ein, sie enthielten seiner Meinung nach Widersprüche, und sie wurden so unterschiedlich interpretiert! Die evangelische Kirche, der er angehörte, war weniger streng. Seine erste Ehe war nur standesamtlich geschlossen worden, und wenn er jetzt kirchlich heiraten wollte …

„Ich kann dir bloß erklären, was in der Bibel steht. Welchen Standpunkt die einzelnen Konfessionen dazu haben, müsstest du mit dem jeweiligen Pastor besprechen. Aber die Bibelstellen können wir uns gemeinsam ansehen.

Zunächst aber kommt es auf etwas anderes an. Die eigentliche Frage ist, ob du das alles Bettina zuliebe tun möchtest, oder ob du dir selbst über Gott und deine Beziehung zu ihm klar werden willst.

Wenn du nämlich eigentlich nichts mit Jesus zu tun haben willst und das jetzt bloß unterdrückst, um ihr eine Freude zu machen, wird sich das später nicht gut auf euer Zusammensein auswirken."

Er sah mich offen an. „Ich habe überhaupt keine Beziehung zu Gott und Jesus. Seit dem Konfirmandenunterricht habe ich mich nicht mehr darum gekümmert."

„Möchtest du das denn ändern?"

Er nickte. „Aber ich möchte den richtigen Jesus kennen, nicht den der Kirche. Ich sehe doch, welch ungeheurer Reichtum da in Rom ist und wie arm manche Christen sind … Mir hat auch imponiert, dass ihr in der Freikirche alles ohne Druck und Kirchensteuer macht."

Fred übergab an diesem Nachmittag sein Leben Jesus, und sein Problem mit der Scheidung und der erneuten Verheiratung trat etwas in den Hintergrund. Er wollte am Sonntag mit in den Gottesdienst kommen und inzwischen weiter in der Bibel lesen.

„Ich fange ganz vorne an und werde die ganze Bibel durchlesen", erklärte er, doch ich konnte ihn überzeugen, zuerst mit einem der Evangelien zu beginnen, um Jesus besser kennenzulernen.

„Am Sonntag holen wir einen Bibelleseplan für dich vom Büchertisch, dann hast du gleich Erklärungen dabei, wenn manche Stellen schwer zu verstehen sind."

Er war einverstanden und verabschiedete sich fröhlich. „Bettina wird staunen", meinte er. „Sie kennt einen Priester, der auch viel von Jesus redet und wenig von der Kirche. Bestimmt will sie Jesus auch noch besser kennenlernen. Ich möchte, dass ihr euch trefft, wenn sie herkommt."

Das versprach ich gern.

Am Sonntag konnte ich Fred nach dem Gottesdienst mit unserem Pastor bekannt machen. Die beiden waren bald in eine intensive Diskussion vertieft, sodass ich mich mit meiner Hauskreisleiterin unterhalten konnte. Ich wollte Fred nämlich mit in den Hauskreis bringen, damit er zu anderen Christen Kontakt bekam.

Auf keinen Fall wollte ich seine einzige Ansprechpartnerin sein, denn das Alleinsein mit ihm in meiner Wohnung war trotz allem beängstigend für mich gewesen. Magdalena stimmte gleich zu. Sie gehörte zum Leitungskreis der Gemeinde und kümmerte sich auch darum, dass Neue und Gäste in den verschiedenen Gruppen angenommen wurden.

Nachmittags rief sie mich noch einmal an. „Ich würde dich gern mal besuchen, hast du Zeit?"

Wir verabredeten uns zum Frühstück am nächsten Tag.

Als wir gemeinsam am Tisch saßen, kam sie auf ihr Anliegen zu sprechen. „Ich mache mir Sorgen um dich", begann sie. „Du sagst, dein Nachbar lebt in Scheidung?"

„Ja, das stimmt", erwiderte ich überrascht.

Magdalena sah mich liebevoll an. „Ich habe Angst, dass du dich in ihn verlieben könntest …"

Plötzlich begriff ich, was sie beunruhigte. Ich war dreiunddreißig Jahre alt und hatte keinen Freund, da lag es natürlich nahe, dass ich mich in einen alleinstehenden Mann verliebte. Und wenn er in Scheidung lebte und ich seine Geliebte war … Natürlich musste das für Magdalena so aussehen!

Ich hätte beinahe gelacht, aber es blieb mir im Hals stecken. Magdalena hatte keine Ahnung von Keinath und dem, was er mir angetan hatte.

„Da brauchst du dir keine Sorgen zu machen." Ich erzählte von Bettina. „Du siehst, er hat wirklich eine Freundin, aber selbst wenn es Bettina nicht gäbe, würde ich nie etwas mit ihm anfangen."

Plötzlich hatte ich den Wunsch, ihr alles zu erzählen. Magdalena war nicht gekommen, um mich zu kritisieren, sondern weil sie mich mochte. Sie machte sich wirklich Gedanken meinetwegen.

Ich erzählte von dem Missbrauch und den Ängsten, die mich immer noch beherrschten. „Siehst du, ich brauche andere Christen, die Freds Freunde werden. Ich will nicht mit ihm zusammen sein, aber ich kann es ihm nicht erklären.

Und wenn ihr mir nicht helft, werde ich irgendwann die Nerven verlieren und ihn rauswerfen, und er wird es nicht verstehen, wie soll er das auch. Er wird denken, dass ich eine Heuchlerin bin, die von Nächstenliebe redet und das Gegenteil tut. Er braucht christliche Freunde, aber ich kann nicht dazugehören."

Magdalena berührte meine Hand, ihre Augen standen voller Tränen. „Es tut mir so leid, Anja. Das habe ich nicht geahnt."

„Ich rede auch nicht besonders gern darüber. Ich habe es dir erzählt, damit du mich verstehst. Ich bin zwar seine Nachbarin und kann ihn mit in den Hauskreis bringen, aber ihr müsst seine Bezugspersonen werden."

„Natürlich. Aber was du da Schreckliches mit dir herumträgst …"

„Zum ersten Mal finde ich etwas Positives daran. Es schützt

mich davor, unüberlegt eine Beziehung einzugehen, die ich höchstwahrscheinlich bereuen würde."

„Ich habe immer gedacht, du bist so vernünftig. Aber dass du in Wirklichkeit völlig verängstigt bist, merkt man nicht.

Nein, als Schutz kann man das nicht bezeichnen, das ist ja zynisch." Sie war immer noch fassungslos.

„Es ist nun mal so." Ich machte eine ungeduldige Handbewegung, ich wollte nicht weiter darüber diskutieren. Schon die kurze Erklärung hatte den alten Schmerz wieder geweckt.

„Wenn ihr euch um ihn kümmert, bin ich die Sorge los. Ansonsten komme ich schon zurecht."

Magdalena fragte nicht weiter, sicher hatte sie gesehen, dass ich mit den Tränen kämpfte.

Fred wurde im Hauskreis offen aufgenommen, fand Freunde und Gesprächspartner, die ihm weiterhalfen. Er brachte Bettina mit und auch sie fühlte sich wohl in der Gemeinde.

Nach seiner Scheidung heirateten die beiden und wurden von unserem Pastor getraut. Wir blieben noch jahrelang freundschaftlich miteinander verbunden, aber ich brachte es nie fertig, ihnen von meiner Vergangenheit zu erzählen.

Nie mehr klein und hilflos

Nicht nur Fred und Bettina erfuhren nie, warum ich mich in dem einen Bereich so abschottete. Oberflächlich betrachtet war ich engagiert und zufrieden und führte ein intaktes Leben mit einem Freundeskreis in der Gemeinde.

Auch für mich selbst war mein Leben erträglicher geworden. Sonderbarerweise war ich gern allein, ich genoss die Stille in meinen eigenen vier Wänden genauso wie die Unabhängigkeit von den Wünschen und Zeitplänen anderer. Es war schön, sich jederzeit ausklinken zu können.

Albträume und Panikattacken wurden seltener. Wenn ich hin und wieder nach einer solchen Nacht erwachte, sagte ich mir jedes Mal: Es ist vorbei. Und ich wusste, dass das keine Autosuggestion war, sondern die Wahrheit. Schon kurz nach dem Aufstehen verging das schmerzliche Empfinden von Hilflosigkeit und ich plante mit neuer Energie meine nächsten Unternehmungen.

Nur ein Teilbereich meines Lebens blieb fest verschlossen: Es gab keine Freundschaften zu alleinstehenden Männern. Am liebsten war ich mit Familien zusammen, denn der Umgang mit Kindern machte mir weiterhin Spaß. So wurde ich auch in dieser Gemeinde immer häufiger nach dem Gottesdienst von Familien zum Essen eingeladen und fühlte mich nicht einsam. Hin und wieder machte jemand einen gut gemeinten Versuch, mich mit einem Mann zusammenzubringen, aber in mir regte sich kein Funke Sympathie, egal wer es war. Ich ließ keinen im Zweifel darüber, dass ich allein bleiben wollte.

Einmal passierte es unglücklicherweise, dass ein Mann sich in mich verliebte. Ich lernte Steffen kennen, als wir nach einem Konzert in der Gemeinde noch mit anderen zusammensaßen und uns unterhielten. Später bot er an, mich nach Hause zu fahren. Obwohl ich seine Blicke bemerkte und ihn lieber abgewimmelt hätte, sagte ich mir diesmal: Sei nicht so zickig! Es ist kalt und dunkel, er meint es ja nur gut.

Unterwegs machte er mir einige Komplimente. Ich versuchte, ihn von dem Thema abzubringen, indem ich ein paar Anekdoten erzählte. An diesem Abend trennten wir uns, ohne dass er weitere Annäherungsversuche machte. Eine neue Verabredung wollte ich nicht eingehen, ich schützte zusätzliche Arbeit vor, da ich gerade eine neue Weiterbildung begonnen hatte.

„In den nächsten Wochen muss ich mich auf meine Arbeit konzentrieren", erklärte ich.

„Aber du musst dich doch auch mal ausruhen. Ich könnte für dich kochen …"

„Lieber nicht. Ich kann keine Uhrzeit festlegen, wenn ich mit dem Lernen angefangen habe. Wenn es gut läuft, sitze ich ein paar Stunden dran. Rechne in nächster Zeit nicht mit mir."

So, das war hoffentlich deutlich genug gewesen. Er verabschiedete sich zögernd.

Am Sonntag nach dem Gottesdienst kam er auf mich zu. „Heute musst du doch nicht arbeiten?", fragte er hoffnungsvoll.

„Nein, aber ich bin bei Schäfers zum Essen eingeladen."

„Und danach?"

„Ich bleibe bis zum Abend, sie brauchen einen Babysitter."

„Und nächsten Sonntag?"

„Da kann ich mich noch nicht festlegen."

In dem Moment zupfte der kleine Benny Schäfer an meiner Jacke. „Guckst du dir mein neues Auto an? Komm jetzt!"

Ich verabschiedete mich flüchtig und ließ mich nur zu gern von Benny fortziehen. Hatte Steffen es jetzt kapiert? Ich wollte ihn nicht verletzen, er war ja so weit ganz nett. Für einen kurzen Moment bedauerte ich mein Verhalten, aber Benny ließ mir keine Zeit, darüber nachzudenken.

Einige Tage später klingelte es an meiner Haustür. Draußen stand Steffen mit einem Blumenstrauß. „Ich weiß, dass du arbeiten musst", begann er, bevor ich den Mund aufmachen konnte. „Aber ein bisschen Nervennahrung tut dir bestimmt gut dabei."

Hinter dem Strauß zog er eine große Tafel Schokolade hervor, gab mir beides und verabschiedete sich mit den Worten: „Bis Sonntag, wir sehen uns im Gottesdienst."

Weg war er.

Ziemlich verdattert machte ich die Tür wieder zu und trug die Geschenke in die Küche. Zwischen den Blumen steckte ein Umschlag mit einer Karte.

„Magst Du chinesisches Essen? Du bist herzlich eingeladen, Sonntag nach dem Gottesdienst zum Chinesen in der Finkengasse. Und wenn es da nicht geht, am nächsten Sonntag. Ich freue mich auf Dich! Dein Steffen."

„Wieso *mein* Steffen?", murmelte ich bitter vor mich hin. Ich wollte das nicht, warum hatte er es nicht begriffen? Bisher hatte meine Strategie doch so gut funktioniert.

Also besuchte ich an den beiden folgenden Sonntagen nicht den Gottesdienst, sondern meine Mutter. Sie freute sich immer, wenn ich kam, und ich meldete mich einfach kurzfristig zum Mittagessen bei ihr an. Unser Verhältnis war sehr gut, seit sie mir ohne Rücksicht auf sich selbst geholfen hatte, die Vergangenheit aufzudecken.

Am dritten Sonntag war ich dran, Kindergottesdienst zu halten, und ging also in die Gemeinde. Ich hoffte, dass Steffen nicht da oder zumindest beleidigt war und mich in Ruhe ließ.

Nach dem Gottesdienst trödelte ich im Kinderstundenraum herum in der Hoffnung, dass er schon nach Hause gegangen war, bis ich schließlich seine Stimme von der Tür her hörte: „Hallo, Anja! Kann ich dir helfen?"

„Nein, danke."

Pause.

„Du warst lange nicht im Gottesdienst. Warst du krank?"

Was nun? Sollte ich meinem Ärger freien Lauf lassen oder mich um Höflichkeit bemühen?

„Ich habe meine Familie besucht." Mit Mühe gelang mir ein neutraler Tonfall.

„Ich hatte mir schon Sorgen um dich gemacht, aber ich hatte deine Telefonnummer nicht."

Das fehlte noch, dass er meine Telefonnummer bekam. „Mhhm", murmelte ich unbestimmt.

„Letzten Sonntag war ich nachmittags bei dir, aber du warst ja nicht zu Hause … Wie läuft es mit deiner Weiterbildung?"

„Ziemlich viel Arbeit, aber es macht Spaß."

Wieder eine Pause.

„Hast du meine Karte gelesen?" Seine Stimme klang jetzt vorsichtig und ich fand mein eigenes Benehmen inzwischen unmöglich.

Ich stellte das Tablett ab, drehte mich um und sah ihn endlich an. „Ja, das war nett von dir. Aber … weißt du, ich esse nicht gern chinesisch."

Erleichterung breitete sich in seinem Gesicht aus. „Das macht doch nichts, was magst du denn lieber?“

Oh nein. Offenbar hatte er mich missverstanden und glaubte, meine Ablehnung galt dem Chinesen in der Finkengasse. Aber ich musste es ihm irgendwie klarmachen, denn das schauderhafte Essen mit Fred war mir noch zu gut in Erinnerung. Das wollte ich kein zweites Mal.

Ich suchte vergeblich nach einer Antwort, die nicht brüsk und abweisend war, aber mir fiel nichts ein.

Er spürte wohl meine Unsicherheit und sagte leise: „Ich mag dich sehr, Anja. Können wir nicht einfach ein bisschen Zeit miteinander verbringen und uns besser kennenlernen? Ich hindere dich bestimmt nicht an deiner Arbeit.

Oder möchtest du lieber spazieren gehen oder ins Kino?“

Ich schüttelte den Kopf. „Ich bin zurzeit einfach lieber allein.“

„Außer wenn du von Schäfers eingeladen wirst?“, fragte er bitter.

„Das ist etwas anderes. Ich bin gern mit den Kindern zusammen.“

„Soll ich meine Nichte mitbringen?“

„Nein, natürlich nicht.“ Er hatte mich völlig aus dem Konzept gebracht.

„Hast du was gegen mich? Wir kennen uns doch noch gar nicht.“

„Ich habe nichts gegen dich, aber ich will im Moment keine Freundschaft anfangen.“

„Warum denn nicht?“ Es klang so traurig, dass ich nicht einmal wütend war. Ich tat ihm weh und ich wusste nicht, wie man das abmildern konnte.

„Für einen Mann ist kein Platz in meinem Leben. Das hat

nichts mit dir zu tun, das würde ich zu jedem anderen auch sagen.

Bitte geh jetzt und frag mich nicht wieder danach. Ich kann es nicht erklären."

Steffen schwieg eine Weile, während ich wieder begann, Gläser auf das Tablett zu stellen, fest entschlossen, mich nicht umzudrehen, bis er das Zimmer verlassen hatte.

Seine Schuhe machten kein Geräusch auf dem Teppichboden und ich bemerkte ihn erst, als er von hinten die Arme um mich legte.

Seit Monaten hatte ich Männer nur mit weit ausgestreckter Hand begrüßt und auch die kurzen freundschaftlichen Umarmungen vermieden, die üblich waren. Nie mehr hatte ich einem Mann eine Annäherung gestattet, und jeder hatte das bisher respektiert, ohne Fragen zu stellen.

Als ich Steffens Nähe und seine Arme spürte, reagierte ich ohne nachzudenken, es war wie ein Reflex. Ich ließ das Glas fallen und wirbelte herum. Mein Ellbogen traf sein Gesicht und ich stieß ihn mit solcher Kraft weg, dass er quer durch das Zimmer stolperte und mit lautem Krachen gegen die Tür flog. Dass er mindestens doppelt so viel wog wie ich und sehr muskulös war, schien in dem Moment nichts zu bedeuten. Meine Panik hatte sich in Wut verwandelt und ich schrie mit überschnappender Stimme: „Wag das nicht noch mal!"

Er lehnte am Türrahmen und versuchte das Gleichgewicht wiederzufinden, während ich mit geballten Fäusten mitten im Zimmer stand. Wir starrten uns ein paar Sekunden wütend an, bis er sich plötzlich umdrehte und wegging.

Erst jetzt merkte ich, dass ich mit zusammengepressten Lippen den Atem angehalten hatte, und holte tief Luft. Ich zitterte vor Aufregung und fühlte trotzdem so etwas wie Stolz.

Nie mehr würde mich ein Mann gegen meinen Willen seinen Wünschen gefügig machen. Ich hatte mich gewehrt, ich war nicht mehr klein und hilflos.

Nie mehr.

Alte Wünsche und neue Ziele

Gemeinsam mit einigen Kollegen bestand ich die interne Prüfung zur Fachpflegekraft für Endoskopie. Wir hatten oft zusammen gelernt und freuten uns über unseren Erfolg. Damit hatte ich mich, was Zuverlässigkeit und Arbeitskraft anging, wieder ins Team integriert. Nur Peter Müller war nach wie vor mein Problem. Wir waren wie Hund und Katze und an meiner Angst vor seiner Massigkeit und seiner lauten Stimme hatte sich nichts geändert.

Sogar die Patienten bekamen manchmal mit, wie wir stritten. Es konnte so nicht weitergehen, ich musste weg. Schließlich lag die Schuld an der ganzen Misere bei mir, ohne dass ich es erklären oder mich rechtfertigen konnte.

Wieder einmal besuchte ich Eve, um meine Sorgen mit ihr zu besprechen. „Es wird sowieso Zeit für etwas Neues", erklärte ich. „Seit sieben Jahren mache ich nun Endoskopie, und obwohl die Fachweiterbildung interessant war, ist es doch nur ein kleiner Teil der Medizin und Pflege. Ich kriege langsam einen Tunnelblick, ich muss endlich wieder was anderes machen."

Eve grinste. „Du bist doch mal ein unruhiger Geist. Ist es jetzt dein Kollege oder die langweilige Arbeit, die dich auf Trab bringt?"

„Beides", gab ich zu. „Müller versetzt mich immer wieder in Panik, vor allem, wenn er unvermutet hinter mir auftaucht. Aber die Situation ist auch völlig verfahren.

Wer von den anderen Kollegen mit uns beiden in einer Schicht eingeteilt ist, hat es wirklich nicht leicht. Barbara sagte gestern, dass die Luft um uns richtig geladen ist. Und mein Giftzahn sei ganz schön spitz …"

„Klapperschlangen-Charme", wiederholte Eve lächelnd einen meiner drastischen Ausdrücke von früher. Aber sie wurde gleich wieder ernst. „Vielleicht ist es wirklich besser für dich, woanders hinzugehen. Dicke Männer mit dröhnender Stimme gibt es zwar überall, aber er wird immer derjenige sein, der den Stein ins Rollen gebracht hat. Und wenn du dich ihm gegenüber nicht beherrschen kannst, wirst du dich immer wieder ins Unrecht setzen."

Wir schwiegen eine Weile, jede in ihre Gedanken versunken.

„Du wolltest doch mal Pflegemanagerin werden …", sagte sie dann unvermittelt.

„Das war vor mehr als zehn Jahren."

„Ja, aber du wärst gut darin. Du organisierst doch alles in der Endoskopie, vom Tagesablauf über Notfallschulungen bis zu den Dienstplänen. Reizt dich das nicht?"

„Schon", meinte ich zögernd. „Aber das Studium ist teuer und ich habe zu wenige Ersparnisse."

„Das käme doch auf einen Versuch an. Erkundige dich mal …"

Pflegemanagerin? Es war, als hätte Eve eine Tür aufgestoßen, die ich vor Jahren in meinem Innern fest verschlossen hatte. Ein begrabener Traum.

Ich hatte ja Ersatz gefunden, hatte mich weitergebildet und einen guten Job. Sollte ich wirklich noch einmal von vorn anfangen? Noch mal drei Jahre? Und woher sollte ich das Geld nehmen? Ich konnte doch nicht einfach kündigen!

Aber fragen kostete ja schließlich nichts und ein Termin bei einem Arbeitsberater war leicht zu bekommen.

Erst als ich der Dame gegenübersaß und meine Fragen stellte, merkte ich, wie stark der Wunsch schon geworden war.

„Ich habe die zweite Fachpflegeprüfung erst vor drei Monaten abgelegt. Könnte ich da schon wieder eine Weiterbildung machen?"

„Hatten Sie für die Letzte eine Förderung vom Arbeitsamt in Anspruch genommen?"

„Nein, das war eine interne Weiterbildung unseres Hauses."

„Mussten Sie sich im Gegenzug für einige Jahre verpflichten?"

Ich schüttelte den Kopf.

„Haben Sie gesundheitliche Probleme?"

Ich verstand nicht gleich. Was sollte das jetzt? „Ich habe eine Bandscheiben-Vorwölbung, die immer wieder Schmerzen verursacht. Ich war deshalb schon mal länger krank, aber im Moment geht es."

„Bandscheibe? Waren Sie beim Amtsarzt?"

„Nein, wieso? Ich war bei einem Orthopäden, der hat eine Computertomografie gemacht und es festgestellt."

„Sie sollten zum Amtsarzt gehen, ich gebe Ihnen die Adresse."

„Warum?", fragte ich verwirrt.

„Nehmen Sie alle Befunde des Orthopäden mit. Ich kann Ihnen nichts versprechen, aber es gibt ein Förderprogramm für Berufstätige mit dieser Erkrankung …"

Der Amtsarzt bestätigte die Diagnose meines Orthopäden. Ich wurde in das Förderprogramm aufgenommen. Das Arbeitsamt übernahm einen Teil der Kosten, ich reduzierte meine Arbeitszeit und begann mit dem Studium.

Es war ein Wunder, für das ich zutiefst dankbar war. Würde

Rolf recht behalten? „Gott wird die Jahre erstatten, deren Ertrag die Heuschrecken gefressen haben." So hatte er gesagt.

Meine Mitstudenten hatten es schwerer. Nur zwei außer mir wurden vom Arbeitsamt gefördert, die anderen nahmen Kredite auf oder unterschrieben Verpflichtungen, bei dem Arbeitgeber zu bleiben, der die Kosten übernahm. Einer brach ab, weil er sich finanziell übernommen hatte, ein anderer, weil der Stress zu groß war.

Ich war begeistert von dieser neuen Herausforderung. Sie beschäftigte mich so sehr, dass mir selbst die Zusammenarbeit mit Peter Müller leichter fiel. Jeden Monat war ich zwei Wochen beim Studium und machte in der übrigen Zeit oft freiwillig Spätdienst, der unbeliebt war.

Wer Spätdienst hatte, konnte abends nichts unternehmen, weil er erst um zweiundzwanzig Uhr fertig wurde. Mir kam das jetzt sehr entgegen, weil ich morgens konzentrierter an meinen Referaten und Hausarbeiten schreiben konnte.

Als die drei Jahre zu Ende gingen, hatte ich all das beruflich erreicht, wovon ich früher nur träumen konnte, ohne Schulden zu machen oder Verpflichtungen gegenüber meinem Krankenhaus einzugehen. Es war ein riesengroßes Geschenk.

Die Antwort

Noch einmal fuhr ich in die Fachhochschule zum Kolloquium, der letzten mündlichen Prüfung. In der Bahn überdachte ich die drei Jahre, die hinter mir lagen. So viel Kraft hatte ich investiert und nun war der Erfolg zum Greifen nahe. Das Kolloquium war nur eine Formsache, alle Noten standen fest. Ich machte einen guten Abschluss, war wieder mal die erfolgreiche alleinstehende Frau.

Nach wie vor: allein. Alle anderen würden mit ihren Ehepartnern, Kindern oder Lebensgefährten feiern, wenn dieser Tag zu Ende ging. Ich würde ins Bett gehen und mich ausschlafen.

Es störte mich nicht, denn ich war zufrieden mit dem Erreichten. Gott hatte mir die verlorenen Jahre erstattet, meine berufliche Zukunft sah gut aus.

Die Bahn fuhr wieder an, bei der nächsten Haltestelle musste ich aussteigen. Da veränderte sich plötzlich meine Umgebung.

Ich saß immer noch in der Bahn, aber die Menschen um mich herum befanden sich weit weg, wie hinter einer Abschirmung aus Milchglas. Der Zug fuhr, aber ich hörte das Geräusch nicht und die Bewegungen des Waggons spürte ich nicht mehr.

Es war, als wäre ich in einen ruhigen Raum getreten, wo Gott auf mich wartete. Er war da, seine Gegenwart füllte alles aus. Was hatte er mir zu sagen, jetzt, an diesem Tag des Abschlusses und des Neubeginns?

„Was willst du, dass ich dir tun soll?“

Seltsame Frage. Das hatte er doch auch den Blinden gefragt oder den Gelähmten? Wer war es gewesen?

Natürlich wollte ich gesund werden, heil von dem Missbrauch, frei von der Angst. Schon wollte ich antworten wie der Kranke in der Bibel: Herr, dass ich gesund werde.

Aber da fiel mir etwas ein, was ich in einer Predigt gehört hatte: Gott stellt keine Frage umsonst. Der Kranke hätte ja auch antworten können: Dass ich immer genug zu essen habe, dass ich immer einen guten Platz zum Betteln habe. Gesund werden bedeutete für ihn Verantwortung übernehmen, ein neues Leben beginnen, Arbeit suchen.

In meinem Fall bedeutete es: beziehungsfähig werden, mich auf einen anderen Menschen, auf einen Mann einlassen. Es bedeutete, das Risiko einzugehen, dass Liebe auch verletzen kann.

Was sollte ich antworten? Herr, dass ich immer ein glücklicher Single sein werde?

Nein, das kam nicht infrage. Gott bot mir hier ein neues Leben an, eins mit neuen Herausforderungen. Ich wollte nicht auf halbem Weg stehen bleiben.

Wie lange hatte ich überlegt? Ich weiß es nicht mehr, aber ich antwortete mit zitterndem Herzen: „Herr, dass ich *ganz* gesund werde. Dass ich heiraten kann."

Ich hörte seine Antwort nicht, aber ich spürte seine Zustimmung. Das Zittern und Zagen war vorbei, ich hatte mich für das Leben entschieden, das Gott mir angeboten hatte. Mein Weg zur inneren Heilung war nicht zu Ende, wie ich geglaubt hatte. Er ging weiter.

Langsam kamen wieder andere Eindrücke in mein Bewusstsein. Die Bahn bremste, es quietschte, um mich herum unterhielten sich die anderen Fahrgäste. Niemand sah mich komisch an, keiner hatte etwas bemerkt. Ich stand auf und stieg aus, um mit dem Kolloquium mein Studium abzuschließen.

Ein Freund und doch kein Freund

Es war wunderbar, wieder in Neustadt zu sein, Zeit für die Gemeinde und meine Freunde zu haben. In der Gemeinde wurde ich zur Diakonin gewählt und bekam die Verantwortung für den Bereich der Gemeindeseminare. Da der Pastor vor Kurzem zu einer anderen Stelle gewechselt hatte, gab es für die Gemeindeleitung, zu der ich als Diakonin nun gehörte, viel zu tun.

Häufig übernahm ich die Gottesdienstleitung und irgendwann gab es Schwierigkeiten, für einen Sonntag einen Prediger zu finden. Magdalena fragte mich, ob ich aushelfen und an dem Tag die Predigt halten könne. Es war mitten in den Sommerferien und sie hatten wirklich keinen gefunden, weil die meisten im Urlaub waren.

Ich zögerte. Predigen war eine große Verantwortung. Es ging ja nicht darum, einen fesselnden Vortrag zu halten, sondern das auszusprechen, was Gott an diesem Tag sagen wollte. Ob ich dazu brauchbar war? Würde ich seinen Auftrag ausführen können? Brauchte er nicht jemanden, der ihm näher war, mehr betete, heiliger war?

Aber es war eine Notsituation und ich wollte die Gemeinde nicht im Stich lassen. Also sagte ich Magdalena zu, die immer noch auf meine Antwort wartete. „Als Notnagel kannst du mich einplanen, wenn du gar keinen anderen findest. Aber ob ich das kann …“

Sie strahlte. „Du bist mein allerliebster Notnagel!“

Ich musste wider Willen lachen. „Na, ob ich auch als Gottes Notnagel tauge, werden wir sehen!“

So hielt ich am nächsten Sonntag meine erste Predigt: mit zitterndem Herzen und trotzdem froh, weil Gott mich brauchen konnte. Es war doch zu etwas gut gewesen, dass Herta mich nicht hatte sterben lassen.

Bald darauf bekamen wir einen neuen Pastor. Das machte die Arbeit im Leitungskreis leichter, und Norbert Kuhn bereicherte unsere Gemeinde in vieler Hinsicht: Er führte Straßeneinsätze durch, um Menschen von Jesus zu erzählen, er brachte Israel und die Lage im Nahen Osten als Gebetsanliegen in die Gottesdienste ein und das Wichtigste: Er war ein Hirte für die Gemeinde. Jedes Mitglied, jeder Besucher war wichtig für ihn.

Seit Kurzem kam ein Mann zu den Gottesdiensten, der jedes Mal sofort nach dem Segen wieder ging. Er unterhielt sich mit niemandem, keiner von uns kannte seinen Namen. Norbert Kuhn, der oft zeitig im Gottesdienstraum war, begrüßte die wenigen, die schon zehn Minuten vor Beginn kamen, persönlich. Bei seinem Gang durch die fast leeren Reihen sprach er auch den Fremden an.

Beim nächsten Leitertreffen erklärte er: „Er heißt Karsten und ist auf der Suche nach einer Gemeinde. Er ist sehr zurückhaltend, wir sollten ihn nicht bedrängen."

Es blieb eine ganze Weile so, dass außer einer freundlichen Begrüßung vor dem Gottesdienst kein Kontakt zu dem Besucher zustande kam. Aber er war jeden Sonntag da.

Irgendwann sprach er mich an. „Ich freue mich immer, wenn Sie den Gottesdienst leiten", sagte er. „Man spürt, dass Sie mit ganzem Herzen dabei sind."

Ich war überrascht. Dass er mich als Erste ansprach, hatte ich nicht erwartet.

Wir unterhielten uns kurz, dann verabschiedete er sich. In den nächsten Wochen kam er öfters nach dem Schlussgebet zu mir und in meinem Innern regte sich die alte Angst. Ich machte ihn mit anderen Gemeindemitgliedern bekannt in der Hoffnung, dass ich mich dann zurückziehen konnte. Bei Fred hatte das ja vor ein paar Jahren gut geklappt, aber diesmal gelang es überhaupt nicht. Offensichtlich interessierte Karsten sich für mich.

Nach ein paar Monaten lud er mich zum Abendessen ein.

Was nun? Das Fiasko mit Steffen war mir noch deutlich in Erinnerung. Aber Karsten war anders, viel zurückhaltender. Und wenn ich von Gott eine vollständige Heilung erbeten hatte, musste ich ihm ja auch Gelegenheit dazu geben. Ich musste lernen, normale Kontakte zu pflegen. Und für eine junge Frau war es normal, sich mit einem Mann zum Essen zu verabreden.

Also sagte ich zu.

Es wurde ein überraschender Abend. Karsten hatte alles gründlich vorbereitet. Er brachte mir Blumen und wir fuhren zu einem Candle-Light-Dinner in einer romantischen alten Burg. Karsten war Weinkenner. Er beeindruckte mich.

Er ließ es auch problemlos zu, dass ich mich anschließend von ihm verabschiedete, bedankte sich für den schönen Abend und ging.

Wir trafen uns hin und wieder und er machte kein Hehl daraus, dass er mich mochte. Wenn ich auch inzwischen sicherer geworden war, erschien es mir nach wie vor unmöglich, eine Beziehung aufzunehmen. Diese Tür blieb versperrt, meine Gefühle waren tot. Mehr als „nett“ fand ich ihn nicht, auch wenn das gegenüber früher schon ein Fortschritt war.

Aber das reichte Karsten natürlich nicht. Er rief mich öfters an, wollte mich häufiger treffen. Ich lehnte ab. Schließlich erklärte ich ihm, dass es zwischen uns nicht mehr geben könne.

„Warum?“, fragte er.

Wie konnte ich es erklären, ohne die ganze Katastrophe preiszugeben? Er hatte eine Erklärung verdient und nicht, dass ich ihn einfach abservierte. Schließlich sagte ich: „Ich habe schlechte Erfahrungen gemacht und bin einfach nicht bereit dazu.“

Er überlegte eine Weile. „Dass dir mal jemand sehr wehgetan hat, merke ich schon lange“, erwiderte er schließlich. „Aber du könntest ja auch wieder gute Erfahrungen machen.“

Ich schüttelte den Kopf.

„Wir können uns nicht mehr treffen. Ich kann das nicht, bitte sei nicht sauer.“

Karsten ging. Nach der ersten Erleichterung bekam ich ganz schnell ein schlechtes Gewissen. Er hatte sonst keinen Kontakt zu Christen. War ich jetzt schuld, wenn er sich von Gott abwandte?

Aber ich hatte ihn unterschätzt. Er hatte sich für Gott entschieden und daran änderte mein Verhalten nichts. Er kam weiterhin in die Gemeinde, nahm aber zu meinem Kummer keinen Kontakt zu den anderen auf. Er wartete ab.

Einige Monate später leitete ich ein Seminar in der Gemeinde und er nahm daran teil. Sonst genoss ich die Pausen genauso wie die Arbeit, weil es immer interessante Gespräche mit den Teilnehmern gab. Aber als Karsten zu mir kam, um sich mit mir zu unterhalten, gewann die Panik wieder Oberhand. Warum ließ er mich nicht in Ruhe? Warum ging er nicht zu den anderen? Ich wies ihn schroff zurück und redete mir ein, dass er selbst schuld daran war.

Aber ich hatte mich niederträchtig benommen.

Rita

Eines Tages sprach mich eine junge Frau an. Sie hieß Rita und war schon länger als ein Jahr in der Gemeinde. „Könnte ich zu dir in die Seelsorge kommen?"

Ich sah sie überrascht an. Als Seelsorger war eigentlich der Pastor der erste Ansprechpartner. „Hat Norbert dich zu mir geschickt?", fragte ich also.

„Nein", antwortete sie zögernd. „Ich habe gebetet und Gott hat deinen Namen gesagt."

In der Seelsorge hatte ich noch nicht oft zu tun gehabt, aber es kam immer wieder vor, dass jemand nach Gebet in einer schwierigen Lage fragte.

Rita kam am nächsten Tag zu mir. Wir beteten und dann fragte ich sie nach ihrem Anliegen. Nach den ersten drei Sätzen war mir klar, warum Gott sie zu mir geschickt hatte. Rita war ein Opfer von sexuellem Missbrauch.

Im Gegensatz zu mir war sie älter gewesen und hatte alles klar in Erinnerung.

Während sie sprach, fühlte ich den alten Schmerz; ihre Verzweiflung, ihre Scham und ihre Tränen waren die gleichen wie meine vor neun Jahren. Aber es half nicht, wenn ich nur mit ihr weinte.

Als sie erschöpft schwieg, nickte ich langsam. „Ich verstehe."

„Du *verstehst* das?", fragte sie überrascht.

„Ja. Ich glaube, deshalb hat Gott dich zu mir geschickt. Ich habe das auch mal erlebt."

„Du? Das kann nicht sein. Du bist so sicher, du sprichst von Gottes Liebe … das ist einfach unmöglich!"

„Ich bin sicher, dass Gott mich liebt. Vor ein paar Jahren habe ich das stark bezweifelt. Und genauso sicher weiß ich, dass er dich liebt, auch wenn du gesagt hast, dass du dir das nicht vorstellen kannst."

„Und wie ... wie bist du gesund geworden?"

„Es war ein ziemlich langer Weg und er ist immer noch nicht zu Ende. Gott wartet nämlich jedes Mal, bis meine Seele hinterhergekommen ist, und die braucht manchmal etwas länger.

Wenn die seelischen Verletzungen sehr tief sind, geht auch der Heilungsprozess nicht ruckzuck.

Wenn du möchtest, gehe ich den Weg mit dir gemeinsam, aber sei bitte nicht enttäuscht, wenn nicht alles in ein paar Wochen in Ordnung ist."

Rita nickte. „Ich hatte solche Angst, darüber zu reden. Ich war sicher, dass du mich verachtest. Nie hätte ich gedacht, dass du auch ..."

„Ich rede nicht gern darüber. Ich habe es dir gesagt, damit du weißt, dass ich dich verstehe."

„Ich werde es bestimmt nicht rumtratschen", versicherte sie ernst.

Rita kam länger als ein Jahr zu mir in die Seelsorge. In dieser Zeit dachte ich oft an Rolf. Er war damals felsenfest davon überzeugt gewesen, dass meine Seele heil würde, und diese Gewissheit konnte ich jetzt an Rita weitergeben. Wenn ich eins sicher wusste, dann war es die Tatsache, dass Gott die zerstörten Seelen der Opfer nicht der Verzweiflung überlassen will.

Ritas Geschichte war keine Wiederholung meiner eigenen. Sie hatte eigene, anders geartete Probleme. Aber ich erkannte viele Grundstrukturen und Überzeugungen wieder. Vom fachlich-psychologischen Standpunkt aus betrachtet, war ich sicher nicht qualifiziert für eine solche Beratung, weil ich keine Ausbildung dafür hatte. Aber ihr Arzt war mit der Seelsorge einverstanden und verschrieb ihr auch keine Medikamente gegen Depressionen, weil Rita seelisch wesentlich stabiler war als ich einige Jahre zuvor.

„Wie bereitest du dich eigentlich auf unsere Gespräche vor?", fragte sie mich einmal.

„Ich rede mit Gott, bevor du kommst. Ich sage ihm immer, ich brauche ein drittes Ohr. Zwei für dich und eins, das so lang ist, dass es bis zum Himmel reicht. Das brauche ich, damit ich von ihm höre, was ich dir sagen und wann ich den Mund halten soll. Hört sich blöd an, oder?"

„Nein, gar nicht. Ich bin froh, dass du ihn immer fragst. Ich kann Gott nämlich überhaupt nicht mehr hören, meine Gebete bleiben alle an der Decke hängen … Eigentlich hat es gar keinen Zweck, dass ich bete."

„Doch, hat es", widersprach ich. „Sonst wärst du nicht hier."

Während der ganzen Zeit war Karsten in der Gemeinde geblieben, stets im Hintergrund. Manchmal sah er mich fragend an. Hin und wieder redeten wir miteinander und ich spürte deutlich, dass er immer noch viel für mich empfand. Das machte mich ungeduldig. Worauf wartete er? Darauf, dass ich es mir anders überlegte? Auf ein Wunder? Wohl kaum. Warum war er so hartnäckig?

… Herr, dass ich ganz gesund werde …

Er wusste ja nichts von diesem Gespräch mit Gott. Fast vier Jahre waren seit jenem Tag in der Bahn vergangen, ich hatte inzwischen andere Männer kennengelernt und abgewiesen. Aber Karsten war immer noch da und wartete.

Zum ersten Mal seit Jahren träumte ich wieder von Keinath. In meinem Traum war ich erwachsen und ging den Weg entlang, der zu seinem Ferienhaus führte. Ich war überzeugt, dass er dort auf mich wartete. Noch um die Hausecke und da stand er. Ein kleiner, alter, dicker Mann. Er machte einen Schritt auf mich zu, rang plötzlich nach Luft und stürzte zu Boden.

Erschreckt beobachtete ich, wie sein Gesicht sich bläulich verfärbte, während er die Hand auf die Brust presste, und ich erinnerte mich wieder an das, was meine Mutter gesagt hatte:

„Vielleicht hat Gott ihn schon bestraft. Er ist dort gestorben, wo er dich missbraucht hat. Er bekam einen Herzinfarkt und keiner konnte ihm mehr helfen …"

Ich handelte im Traum, ohne zu überlegen. Die Jahre in den Fachabteilungen des Krankenhauses hatten mich bis ins Unterbewusstsein für solche Situationen geschult. In meinem Traum kniete ich neben ihm und begann ihn wiederzubeleben, meinen schlimmsten Feind. Atemspende, Herzdruckmassage, Atemspende. Ich kämpfte um sein Leben und spürte, dass es vergeblich war. Er starb mir unter den Händen. Keine Gelegenheit mehr für ihn, zu bereuen?

„Gott", schrie ich, „ich weiß, dass es zu spät ist, dass ich ihn nicht retten kann. Aber ich flehe dich an: Nimm ihn auf, vergib ihm, so wie ich ihm vergeben habe. Ich will ihn eines Tages bei dir wiedersehen, in deinem Himmel.

Auch wenn er vielleicht nie Mitleid mit mir hatte, bitte ich dich: Verzeihe ihm!"

Da wachte ich auf, immer noch von dem dringenden

Wunsch erfüllt, Keinath von den schrecklichen Folgen seiner Tat loszubitten. Aber er war seit Jahren tot. Gott hatte sein Urteil längst gefällt, was konnte ich jetzt noch erreichen?

Eine Passage aus einer Predigt kam mir in den Sinn: „Gott steht außerhalb unseres Zeitbegriffs, weil er schon immer war und immer sein wird. Er weiß alles, was war und alles, was sein wird."

So oder so ähnlich hatte ich es gehört und es hatte mich oft getröstet. Galt das nicht auch hier?

Gott hatte in dem Augenblick, als Harald Keinath starb, bereits gewusst, dass ich Jahre später für ihn bitten würde.

Seine Barmherzigkeit ist größer als mein Verstand und er hatte dieses Gebet gehört, lange bevor ich es aussprach. Mit einem Mal glaubte ich es ganz fest: Er hatte Keinath vergeben, meine Bitte war nicht zu spät gekommen.

Ich lag noch lange wach, fühlte die Wärme und Geborgenheit meines Bettes und einen tiefen Frieden. Für mich war spürbare Wirklichkeit geworden, was ich vor Jahren in der Seelsorge beschlossen und ausgesprochen hatte: Vergebung und Verzicht auf die gerechte Strafe.

Jetzt war ich frei.

Die Operation

Seit ich ein Teenager war, hatte ich immer sehr starke Schmerzen bei der Monatsblutung gehabt. Man hatte in meinem Bauch außerhalb der Gebärmutter Schleimhautnester gefunden, die Diagnose hieß: Endometriose.

„Das ist weiter kein Problem", hatte meine Gynäkologin vor langer Zeit erklärt. „Wenn Sie schwanger werden oder in die Wechseljahre kommen, geht das vorbei."

Schwanger werden war aus naheliegenden Gründen nicht drin. So hatte ich jeden Monat einige Tage Schmerzen, ich war daran gewöhnt. Die Medikamente, die ich dafür verschrieben bekam, hielten es in erträglichen Grenzen.

Dann ging es mir plötzlich sehr schlecht, die Schmerzen waren schlimmer geworden und hörten nicht mehr auf. Bei der Untersuchung wurde ein apfelsinengroßer Tumor gefunden, direkt über der Gebärmutter.

„Sie müssen sofort operiert werden", hieß es.

Ich sagte den Glaubenskurs ab, bei dem ich an diesem Abend das Referat halten sollte, und bat die anderen Mitarbeiter, für mich zu beten.

Eve brachte mich ins Krankenhaus, weil meine Mutter völlig verstört war.

Der Oberarzt kam in mein Zimmer, um mir zu erklären, wie er vorgehen wollte. „Wir müssen sicherheitshalber einen Bauchschnitt machen. Es könnte bösartig sein, wir müssen den ganzen Bauchraum nachsehen. Das geht nicht mit dem Endoskop."

„Tun Sie einfach alles, was nötig ist."

„Im Ultraschall sieht es so aus, als seien beide Eierstöcke und die Gebärmutter betroffen. Ich weiß noch nicht, wie viel ich wegnehmen muss."

Er ging und ich lag da und überlegte, ob mein Leben nun bald zu Ende sein sollte. Ich dachte an den letzten Traum, den ich von Keinath gehabt hatte. Würde ich ihn in kurzer Zeit bei Gott wiedersehen?

Es klopfte. Norbert Kuhn und seine Frau waren gekommen, um mit mir zu beten und mir Mut zu machen.

Zwei Tage nach der Operation saß Rita an meinem Bett. „Es ist *nicht* bösartig", erklärte sie bestimmt.

„Der Befund ist noch nicht da, er kommt frühestens Montag", antwortete ich. „Wieso glaubst du das?"

„Ich bin mir ganz sicher. Du wirst nicht sterben, du wirst wieder gesund und wir setzen die Seelsorge fort. Gott hätte mich nicht zu dir geschickt, damit ich mitten in dem Schlamassel wieder allein dastehe."

Das war meine wirksamste Ermutigung, während ich auf den Befund wartete. Kein Bibelwort, kein Gebet war so klar und deutlich wie Rita, die Gott beim Wort nahm: Du hast mich zu Anja geschickt, jetzt kannst du sie nicht zu dir nehmen.

Rita behielt recht. Der Befund war vier Seiten lang, sechs verschiedene Gewebe wurden darin analysiert, aber man hatte keine einzige bösartige Zelle gefunden.

Viele Gemeindemitglieder besuchten mich im Krankenhaus, auch Karsten kam zweimal. Er brachte Blumen und sah mich bekümmert an, wenn ich vor Schmerzen das Gesicht verzog.

Aber ich fühlte mich zu schwach, um darüber nachzudenken.

„Sie haben viel Blut verloren, wir haben fast das gesamte Bauchfell verschorft", erklärte der Oberarzt. „Überall waren diese Schleimhautnester."

Zehn Tage später war ich wieder zu Hause, aber es dauerte sehr lange, bis ich mich erholte. Als ich nach acht Wochen wieder arbeiten ging, hatte ich kaum die Kraft, daneben meinen Haushalt zu bewältigen. Und so ging ich auch lange nicht in die Gemeinde. Ich hatte darum gebeten, dass mich zu Hause vorläufig niemand besuchte, weil mir das einfach zu anstrengend war. Und so hörte und sah ich lange nichts von Karsten und dachte auch weder an ihn noch an meine Ängste.

Im Februar, vier Monate nach der Operation, fand in der Gemeinde ein wichtiges Leitertreffen statt. Es ging um die nächsten Projekte in der Gemeinde, wir wollten gemeinsam von Gott neue Impulse erbitten. Zum ersten Mal war ich wieder dabei, seit zwei Wochen ging es mir deutlich besser.

Nach der Besprechung kam eine der anderen Diakoninnen zu mir. „Ich habe während der Gebetszeit ein Bild gesehen, es ging dabei um dich", begann sie zögernd. „Ich wollte es in der großen Runde nicht sagen, weil es auch nichts mit der Gemeindearbeit zu tun hat, sondern ausschließlich mit dir."

So etwas war nicht ungewöhnlich. Gott redete öfters auf diese Weise, deshalb begriff ich nicht gleich, warum Maria so verlegen war.

„Was ist es denn?", fragte ich.

„Es ist etwas ganz Seltsames und ich kann gar nicht glauben, dass es stimmt. Aber ich muss es dir trotzdem sagen.

Ich habe dein Herz gesehen. Es war ganz schwarz, wie verbrannt oder zugeteert. Und – das kann doch nicht stimmen, wir arbeiten jetzt schon seit Jahren zusammen – dein Herz ist doch gar nicht so." Sie war wirklich bekümmert. Ein schwarzes Herz – dabei dachte sie sicher an eine schwere Sünde, die ich auf mich geladen hatte.

„Ist das alles, was du gesehen hast?", fragte ich vorsichtig.

„Nein, nach einer Weile gab es einen Riss in dem Teer oder der verbrannten Erde oder was es war. Und daraus wuchs eine wunderschöne Blume, voller Blüten und Knospen. Sie wurde immer größer und schöner.

Das war dann alles. Aber es passt nicht zu dir und es passt auch nicht zusammen. Ich bin wirklich ratlos."

Verbrannte Erde … Für einen Augenblick war ich wieder bei Rolf, bei unserm letzten Gespräch. „In mir drin ist alles tot, alles schwarz!", hatte ich gesagt, „es ist nur verbranntes Land übrig geblieben." – „Du brauchst mehr Zeit", hatte Rolf geantwortet.

Davon hatte Maria natürlich keine Ahnung, sie wunderte sich nur, dass ich plötzlich zu lächeln anfing.

Gott hatte wieder einmal gewartet, bis meine Seele nachgekommen war. Und an diesem Abend, an dem wir ihn gemeinsam um Wege in die Zukunft gebeten hatten, gab er mir durch Maria eine Wegweisung für meine Zukunft.

Ich fiel ihr um den Hals und drückte sie ganz fest. „Du hast völlig richtig gesehen und ich danke dir vielmals!", rief ich glücklich.

„Kannst du wirklich was damit anfangen?"

„Ja, es passt genau und du musst dir keine Sorgen machen. Es ist eine wunderbare Prophezeiung!"

„Na, dann ist ja gut." Ihre Stimme klang erleichtert.

Während der Heimfahrt sang ich ein Lobpreislied nach dem anderen, so froh und dankbar war ich.

Aber als ich nach Hause kam, spürte ich eine sonderbare

Dringlichkeit. Ich hatte Karsten so oft abgewiesen und weggeschickt, dass ich jetzt von ihm keine Initiative erwarten konnte. Als Letztes hatte er von mir gehört, dass ich keinen Besuch wollte, weil ich zu krank war.

Mit zitternden Händen wählte ich seine Telefonnummer. Als er sich meldete, spürte ich noch einmal eine leise Angst wie ein Echo aus einer vergangenen Zeit.

„Hallo, Karsten, hier ist Anja. Es geht mir wieder gut, ich bin wieder gesund." In mehr als einer Hinsicht, dachte ich.

„Ich wollte dich einladen. Nächsten Sonntag gehe ich zum ersten Mal wieder in den Gottesdienst und könnte danach für uns was zu essen machen, wenn du nichts Besseres vorhast."

Karsten

Da ich zum ersten Mal seit Monaten wieder im Gottesdienst war, dauerte es ziemlich lange, bis ich alle begrüßt hatte, die sich über meine Rückkehr freuten. Auch nach dem Gottesdienst konnte ich nicht gleich verschwinden, aber Karsten wartete geduldig an der Tür, bis ich mich endlich verabschiedet hatte.

Eine Stunde später saßen wir gemeinsam an meinem Esstisch und ließen es uns schmecken.

„Wie ist es dir eigentlich gegangen in letzter Zeit?“, fragte ich. „Wir haben uns ja auch monatelang nicht gesehen.“

„Nicht so gut“, erwiderte er. „Bevor du angerufen hast, war meine Stimmung sogar ziemlich am Nullpunkt.“

„Das tut mir leid. Ich hoffe, das hatte nichts mit mir zu tun.“

„Doch, hatte es.“ Seine Ehrlichkeit war verblüffend.

„Ich glaube, ich habe da einiges wiedergutzumachen. Das heißt, falls du überhaupt noch was mit mir zu tun haben willst.“

„Wäre ich sonst hier?“

Zum ersten Mal seit langer Zeit lächelten wir uns an und die Spannung löste sich etwas.

Von da an trafen wir uns regelmäßig. Karsten hatte immer neue Ideen und Vorschläge, was wir unternehmen konnten. Er wusste, dass ich Gärten und Parks sehr mochte. Also besuchte er mit mir sämtliche großen Gartenanlagen, die mit einem Tagesausflug erreichbar waren.

Und ich staunte von Tag zu Tag mehr darüber, wie leicht es war, mit ihm zusammen zu sein, zu lachen und auch ernsthafte Gespräche zu führen. Wir waren endlich Freunde geworden.

Irgendwann fasste ich mir ein Herz, um mit ihm über die Vergangenheit zu reden.

„Ich habe mich oft ziemlich mies benommen. Dass du dich überhaupt noch mit mir triffst, wundert mich immer wieder. Warum hast du mich eigentlich in den fünf Jahren nie ganz abgeschrieben?"

Er begann zu erzählen, wie er diese Zeit erlebt hatte, und je länger er sprach, umso mehr schämte ich mich. Gott hatte ihm gesagt, er müsse viel Geduld aufbringen, aber es würde zu einem guten Ende kommen. Und so hatte er all die scharfen und verletzenden Worte, die ich gesagt hatte, ausgehalten.

Zu einem guten Ende? Ich bat ihn, mir zu verzeihen. „Irgendwann werde ich dir erklären, warum ich so geworden bin, aber bitte glaub mir: Ich wollte dich nicht fertigmachen, ich hatte einfach schreckliche Angst. Jedes Mal, wenn mir ein Mann zu nahe kam, habe ich um mich geschlagen. Worte können wirklich Schläge sein."

„Ich könnte dir nie etwas antun, da kannst du ganz sicher sein."

„Ich könnte auch nie mit einem Mann zusammen sein, der irgendwie gewalttätig wird. Die Frauen, die sich mit solchen Männern abgeben, habe ich nie verstanden."

Es wurde einer der wärmsten und sonnigsten Sommer seit Langem. Schon im Mai kletterten die Temperaturen auf neunundzwanzig Grad und die Sonne strahlte von einem wolkenlosen Himmel. Wir fuhren übers Wochenende an den Bodensee oder an den Rhein und genossen jede Minute.

Und ich machte die (für mich) welterschütternde Entdeckung, dass die Umarmung eines Mannes keine lebensbedrohliche Gefahr darstellte, sondern Geborgenheit geben konnte! Es dauerte wirklich eine Weile, bis ich das begriff, aber es stimmte tatsächlich und es veränderte meine ganze Lebenseinstellung. Jetzt hatte ich nichts mehr dagegen, ein bisschen zu verliebt sein. Es ist ja ganz nett und auch nicht gefährlich, sagte ich mir.

Aber Karstens Gedanken gingen schon längst weiter. Eines Abends fragte ich ihn, ob er denn auch einen Lebenstraum habe wie andere Menschen. Ein Segeltörn um die Welt oder so was Ähnliches.

„Dich zu heiraten."

„Was?"

„Mein Lebenstraum ist, dass wir heiraten und immer zusammenbleiben."

Von einem Moment zum anderen wurde meine heitere, unbeschwerte Welt schwarz und bedrohlich. Ich kannte ihn inzwischen gut genug, um zu wissen, dass das kein Scherz war. Und auf gar keinen Fall durfte ich ihn noch einmal verletzen.

„Du meinst das wirklich ernst, nicht wahr?"

„Ich liebe dich."

„Du meinst, du bist verliebt. Das ist nicht dasselbe."

„Ich kenne den Unterschied. Und ich meine, was ich sage. Ich liebe dich, schon seit Jahren."

Es wurde immer schlimmer. Wie in aller Welt konnte ich das ablehnen, ohne unsere Freundschaft kaputt zu machen?

„Es geht nicht, Karsten. Ich bin nicht die richtige Frau für dich. Ich bin für keinen die richtige Frau." Plötzlich fiel mir etwas ein. „Sieh mal, ich hatte diese Operation vor ein paar Monaten. Ich kann keine Kinder mehr bekommen. Du brauchst eine Frau, die jünger ist und gesund. Eine, mit der du eine Familie gründen kannst."

„Zwei sind auch eine Familie. Wir wären eben eine kleine Familie."

Ich schüttelte den Kopf. „Das kann ich nicht. Es geht einfach nicht."

Er sagte nichts mehr, aber ich spürte seine Enttäuschung. Kurz darauf verabschiedete er sich. „Möchtest du morgen im Stadthotel frühstücken? Ich lade dich ein."

„Sind wir denn noch Freunde?", fragte ich zaghaft.

„Natürlich. Ich hole dich um neun Uhr ab."

Damit war scheinbar alles wieder in Ordnung, wir verbrachten weiterhin unsere Freizeit miteinander. Unsere Gespräche waren oberflächlich und freundlich, während es in unseren Gefühlen rumorte.

Warum hatte ich ihn abgewiesen? Es stimmte ja, dass ich keine Kinder mehr bekommen konnte, aber das war nur vorgeschoben. Die Wahrheit sah ganz anders aus: Ich hatte Angst davor, ihm von Keinath zu erzählen.

Denn wenn ich das tat, war unsere Freundschaft zu Ende. Er würde mich sicher bedauern, aber kein Mann konnte es riskieren, so eine verbogene, kaputte Frau zu heiraten. Das konnte schließlich auf die Dauer nicht gutgehen.

Zwei Wochen später arrangierte Karsten einen romantischen Nachmittag in den Weinbergen und machte mir einen zweiten Heiratsantrag.

Ich war todunglücklich. „Ich sehe ein, dass du das wirklich ernst meinst. Und nach allem, was zwischen uns war, hast du ein Recht auf die Wahrheit. Aber nicht hier draußen.

Bitte bring mich nach Hause. Ich werde dir alles sagen und dann wirst du es verstehen."

Schweigend fuhren wir zurück. Als wir uns daheim am Tisch gegenübersaßen, begann ich mit der Vorrede, die ich mir unterwegs zurechtgelegt hatte.

„Ich werde dir jetzt eine ziemlich scheußliche Geschichte erzählen. Dann wirst du verstehen, warum ich so bin. Wenn du alles gehört hast und danach nichts mehr mit mir zu tun haben willst, dann kannst du einfach gehen."

„Ich gehe bestimmt nicht einfach so", antwortete er ernst.

Also erzählte ich von dem Missbrauch und den Folgen. Ich sah, wie sein Gesicht sich verhärtete, aber er unterbrach mich nicht.

„Ich liebe dich noch genauso wie vorher", sagte er, als ich zu Ende erzählt hatte.

Ich schüttelte den Kopf. „Das hast du dir nicht gründlich überlegt. Ich bin höchstwahrscheinlich gar nicht fähig, einen Mann richtig zu lieben. Bitte geh jetzt nach Hause und denke über alles noch einmal nach. Wir können heute beide keine Entscheidungen mehr treffen.

Und wenn du wirklich noch mit mir zusammen sein willst, dann kannst du in ein paar Tagen anrufen."

Mit Gott wagen wir es

Am übernächsten Tag rief Karsten wieder an. „Können wir uns treffen? Ich habe wirklich gründlich nachgedacht."

„Ja, gut. Kannst du zu mir kommen?"

„In einer halben Stunde bin ich da."

Als er kam, war sein Gesicht sehr ernst. Anders als sonst konnte ich nicht erkennen, was er dachte.

„Ich habe noch nie so eine Wut gehabt wie vorgestern", begann er. „Wenn ich den Kerl vor mir gehabt hätte, ich hätte ihn mit bloßen Händen erwürgt. Ich habe mir wirklich in den letzten Jahren manches vorgestellt, was dir passiert sein könnte, doch so etwas habe ich nicht für möglich gehalten.

Aber was du dann von der Vergebung gesagt hast, hat das wieder geändert. Nur dadurch wurden diese ganzen Wunder möglich. All das, was Gott gesagt und gemacht hat, zuletzt die Blume, die in dem verbrannten Herzen wächst …"

Er nahm meine beiden Hände und hielt sie fest. „Wir können doch jetzt nicht aufgeben. Wir müssen Gott die Möglichkeit geben, das Wunder vollständig zu machen.

Und deshalb bitte ich dich noch einmal, mich zu heiraten."

„Sei vorsichtig mit dem, was du sagst", antwortete ich, während mir die Tränen übers Gesicht liefen. „Beim dritten Mal könnte ich Ja sagen. Ich weiß nämlich auch nicht, wie Gott sich das sonst gedacht haben könnte."

„Dann sag Ja."

„Können wir es wirklich riskieren?"

„Mit Gott können wir alles riskieren. Sag Ja."

Ich holte tief Luft. „Also dann. Ja, ich will dich heiraten, und Gott möge mir helfen, dass ich dich nicht todunglücklich mache."

Ein paar Tage später gaben wir unsere Verlobung bekannt. Ich lernte Karstens Eltern kennen und stellte ihn meiner Mutter vor. In der Gemeinde gab es eine große Überraschung. Nur wenige hatten gemerkt, dass wir uns in den letzten Monaten nähergekommen waren.

„Weißt du eigentlich, dass du der mutigste Mann bist, den ich kenne?", fragte ich, als ich nachmittags gemütlich in seinen Arm gekuschelt auf der Couch lag.

„Wieso?"

„Weil du mich heiratest, ohne zu wissen, ob ich dich genug lieben kann."

„Gott weiß es und das reicht für mich. Für uns beide."

Ich richtete mich auf, um ihn besser ansehen zu können. „Weißt du, worum ich Gott gebeten habe? Ich muss immer an diese Blume in dem verbrannten Land denken. Sie ist das Bild für meine Liebe zu dir. Ich habe versucht, sie mir vorzustellen. Ob sie verdorrt oder ob sie wächst. Sie ist noch ziemlich klein, weißt du. Da habe ich Gott gebeten, dass sie wächst wie ein Baum. Dass sie so stark wird wie eine hundertjährige Eiche. Dass sie bis in die Ewigkeit wächst, wo Gott auf uns wartet."

Er zog mich an sich und küsste mich. „Ich bin sicher, dass er dich erhört hat."

Wir heirateten im September. Es war elf Jahre, nachdem die Hände meines Kollegen vor einem dunklen Regal eine erste schwache Erinnerung an die Katastrophe meiner Kindheit geweckt hatten. Unsere Ehe ist in jeder Beziehung sehr glücklich geworden. Gott hat uns die Jahre erstattet, deren Ertrag die Heuschrecken gefressen haben!